JN167013

伝記シリーズ

西郷隆盛

信念をつらぬいた維新のヒーロー

奥山景布子・著
RICCA・絵

集英社みらい文庫

目次《もくじ》

主《おも》な登場人物《とうじょうじんぶつ》

青年期《せいねんき》の西郷《さいごう》に影響《えいきょう》を与《あた》えた人物《じんぶつ》

大久保利道《おおくぼとしみち》（一蔵《いちぞう》）

郷中時代《ごちゅうじだい》から晩年《ばんねん》まで交流《こうりゅう》があった。

一緒《いっしょ》に幕末《ばくまつ》をかけぬけた仲間《なかま》

江戸城無血開城《えどじょうむけつかいじょう》に尽力《じんりょく》

対立後和睦《たいりつごわぼく》

坂本龍馬《さかもとりょうま》

土佐藩士《とさはんし》だったが脱藩《だっぱん》し、勝《かつ》の弟子《でし》となる。

木戸孝允《きどたかよし》（桂小五郎《かつらこごろう》）

長州藩士《ちょうしゅうはんし》。坂本龍馬《さかもとりょうま》の仲介《ちゅうかい》もあり、薩長同盟《さっちょうどうめい》を結《むす》ぶ。

勝海舟《かつかいしゅう》

幕臣《ばくしん》。神戸海軍塾《こうべかいぐんじゅく》を主宰《しゅさい》。西郷《さいごう》を評価《ひょうか》している。

島津斉彬《しまづなりあきら》

薩摩藩主《さつまはんしゅ》。
西郷《さいごう》にお庭方《にわがた》役《やく》を命《めい》じる。

月照《げっしょう》

西郷《さいごう》を死《し》から救《すく》った僧侶《そうりょ》。

主君《しゅくん》

同志《どうし》

西郷隆盛《さいごうたかもり》（吉之助《きちのすけ》）

薩摩《さつま》の下流武士《かりゅうぶし》の家《いえ》に生《う》まれ、明治維新《めいじいしん》の立役者《たてやくしゃ》として活躍《かつやく》。

夫婦《ふうふ》

島《しま》での妻《つま》

支

イト

正式《せいしき》な妻《つま》。
愛加那《あいかな》との子《こ》の面倒《めんどう》も見《み》る。

愛加那《あいかな》

奄美大島《あまみおおしま》で出会《であ》う。
二人《ふたり》の子《こ》どもを生《う》む。

まえがき

「薩摩《さつま》の西郷《さいごう》どん」、「上野《うえの》の西郷《さいごう》さんの銅像《どうぞう》」……。

西郷隆盛《さいごうたかもり》について話《はな》すとき、大人《おとな》たちがこんなふうに呼《よ》んでいるのを聞《き》いたことはありませんか？

歴史上《れきしじょう》の偉人《いじん》とされる人《ひと》の中《なか》でも、こんなふうに多《おお》くの人《ひと》から、まるで会《あ》ったことがある人《ひと》のように親《した》しげに呼《よ》ばれるのは、西郷《さいごう》だけかもしれません。いったいどんな生《い》き方《かた》をした人《ひと》なのでしょう。

西郷隆盛《さいごうたかもり》は、江戸《えど》時代《じだい》の終《お》わりごろ、すでに、徳川家康《とくがわいえやす》が江戸《えど》に幕府《ばくふ》を開《ひら》いてから二百《ひゃく》年《ねん》以上《いじょう》が経《た》っていた時代《じだい》に生《う》まれました。西欧《せいおう》では蒸気《じょうき》機関《きかん》が発明《はつめい》されて、鉄道《てつどう》や大型《おおがた》の船《ふね》が開発《かいはつ》されるなど、世界中《せかいじゅう》で大《おお》きな変化《へんか》が起《お》きていました。

鎖国《さこく》をしていた日本《にほん》ですが、それでも、そうした変化《へんか》からまったく影響《えいきょう》を受《う》けないというわけにはいきませんでした。

家康《いえやす》が基礎《きそ》をつくった徳川家《とくがわけ》による政治《せいじ》のしくみが、だんだんと世《よ》の中《なか》の実情《じつじょう》に対応《たいおう》できなくなって、「なんとかしなければ」と考《かんが》える人《ひと》が日本《にほん》のあちこちに現《あらわ》れてきます。

西郷隆盛《さいごうたかもり》も、そんな一人《ひとり》として、考《かんが》え、行動《こうどう》していきました。

薩摩藩《さつまはん》の藩士《はんし》として働《はたら》くうち、「幕府《ばくふ》を倒《たお》し、新《あたら》しいしくみをつくるべきだ」との考《かんが》えにたどり着《つ》いた西郷《さいごう》は、他《ほか》の藩《はん》の人々《ひとびと》と協力《きょうりょく》して明治政府《めいじせいふ》をつくっていきます。

ところが、新《あたら》しいしくみをつくることは、やはり簡単《かんたん》ではありませんでした。考《かんが》え方《かた》のちがいから、政府《せいふ》の役職《やくしょく》をやめ、故郷《こきょう》の鹿児島《かごしま》へ帰《かえ》った西郷《さいごう》を待《ま》ち受《う》けていたのは、新《あたら》しいしくみに順応《じゅんのう》できない人《ひと》たちの、大《おお》きな怒《いか》りや悲《かな》しみでした。

それらをなんとかしていこう——そう考《かんが》えた西郷《さいごう》でしたが、その志《こころざし》はやがて、西南戦争《せいなんせんそう》を引《ひ》き起《お》こすことになってしまい、西郷《さいごう》は「朝敵《ちょうてき》(国《くに》への反逆者《はんぎゃくしゃ》)」として命《いのち》を落《お》としてしまいます。

なぜ、そんな悲《かな》しい死《し》に方《かた》をすることになってしまったのでしょう。またそんな西郷《さいごう》を、なぜ今《いま》の人々《ひとびと》が「西郷《さいごう》さん」と呼《よ》んで親《した》しみ、敬《うやま》うのでしょうか。

この本《ほん》を読《よ》んで、その理由《りゆう》を知《し》ってもらえたらと思《おも》います。

歴史《れきし》には諸説《しょせつ》あります。

本書《ほんしょ》ではおおよそ現在《げんざい》の通説《つうせつ》にしたがって物語《ものがたり》を構成《こうせい》していますが、フィクションを交《まじ》えた箇所《かしょ》もあることを、おことわりいたします。

一、下級《かきゅう》武士《ぶし》の子《こ》として

最初《さいしょ》の覚悟《かくご》

江戸幕府《えどばくふ》が開《ひら》かれて二百年《ひゃくねん》以上《いじょう》がすぎた、文政《ぶんせい》十年《ねん》（1827年《ねん》）のこと。

薩摩国《さつまのくに》鹿児島城下《かごしまじょうか》、下之加治屋町《したのかじやまち》の西郷家《さいごうけ》では、主人《しゅじん》の吉兵衛《きちべえ》が、妻《つま》マサの出産《しゅっさん》を心配《しんぱい》そうに見守《みまも》っていた。

「おお、おお。生《う》まれましたよ。立派《りっぱ》な男《おとこ》の子《こ》じゃ」

「でかしたぞ！　待《ま》ちに待《ま》った、西郷家《さいごうけ》の長男《ちょうなん》だ」

吉兵衛《きちべえ》は、生《う》まれたばかりの息子《むすこ》の顔《かお》をうれしそうに見《み》つめた。

「ずいぶん大《おお》きな目《め》をしているな。きっとよい武士《ぶし》になる」

幼名《ようみょう》を小吉《こきち》と名《な》づけられたこの男子《だんし》が、日本《にほん》を大《おお》きく変《か》える存在《そんざい》になると、このときだれが予想《よそう》しただろうか。

吉兵衛《きちべえ》とマサは、小吉《こきち》の生《う》まれたあとにも、女《おんな》の子《こ》が三人《にん》、男《おとこ》の子《こ》が三人《にん》と、七人《にん》の子宝《だから》に恵《めぐ》まれた。

西郷家《さいごうけ》は、百年以上前《ひゃくねんいじょうまえ》から、代々《だいだい》、薩摩藩主島津家《さつまはんしゅしまづけ》に仕《つか》える、武士《ぶし》の家《いえ》だ。祖父母《そふぼ》もいっしょにくらす、にぎやかで温《あたた》かい大家族《だいかぞく》だったが、あまり身分《みぶん》は高《たか》くなく、くらしは貧《まず》しかった。

「えーん、寒《さむ》いよう、お姉《ねえ》ちゃん」

「くっついて寝《ね》よう。そうすればあったかいから」

妹《いもうと》たちがぴったりと体《からだ》をよせあい、ひとつのふとんにくるまった。

薩摩《さつま》は南国《なんごく》だが、だからといって、冬《ふゆ》にふとんなしですごせるはずもない。西郷家《さいごうけ》の家《いえ》屋敷《やしき》は、もうずっと以前《いぜん》からまんぞくに手入《てい》れもできないまま、あちこちが傷《いた》んでいて、広《ひろ》いだけが取《と》り柄《え》だった。

その広《ひろ》い家《いえ》を、すきま風《かぜ》が冷《つめ》たく吹《ふ》きぬける。

――おや？　妙《みょう》な音《おと》が聞《き》こえるな。

小吉《こきち》は、かさかさと、何《なに》かをこするような小《ち い》さな音《おと》に目《め》を覚《さ》ました。

暗闇《くらやみ》で目《め》をこすると、すぐ下《した》の妹《いもうと》の琴《こと》が、どうやら懸命《けんめい》に手《て》をこすりあわせている。

下《した》の妹《いもうと》たちに背《せ》をむける形《かたち》で場所《ばしょ》をゆずってやったのか、琴《こと》の体《からだ》は背中《せなか》しかふとんに入《はい》っていない。はみ出《で》た両手《りょうて》をこすったり、息《いき》を吐《は》きかけて温《あたた》めたりしている様子《ようす》だった。

——母上《ははうえ》のことばが、よほど身《み》に染《し》みたのかな。

琴《こと》は先日《せんじつ》、「家《いえ》はぼろぼろ。ふとんも人数分《にんずうぶん》に足《た》りない。こんな貧乏《びんぼう》では、友《とも》だちに恥《は》ずかしい」と言《い》って、母《はは》のマサにこうたしなめられたのだ。

「貧乏《びんぼう》は恥《はじ》ではありません。そんなふうに、貧乏《びんぼう》に負《ま》けることこそが恥《はじ》なのです。誇《ほこ》りを持《も》って、正《ただ》しく生《い》きていれば、貧乏《びんぼう》に負《ま》けることなどありませんよ」

母《はは》のことばは、小吉《こきち》の心《こころ》にも、強《つよ》く響《ひび》いた。

「琴《こと》。ほら、こっちのふとんに手《て》をいれろ」

小吉《こきち》は体《からだ》を起《お》こして、自分《じぶん》と弟《おとうと》の金次郎《きんじろう》（のちの吉二郎《きちじろう》）がかけていたふとんを、琴《こと》の方《ほう》へと少《すこ》しよせてやった。

「兄上《あにうえ》……ありがとう。でも兄上《あにうえ》は？」

「わしはだいじょうぶだ。心配《しんぱい》するな」

琴《こと》は、やがてすやすやと寝息《ねいき》をたてはじめた。

――やっと、みんな寝《ね》たか。

寝息《ねいき》に安心《あんしん》して横《よこ》になった小吉《こきち》だったが、風《かぜ》の冷《つめ》たさは、だんだんと身《み》にしみてくる。琴《こと》にゆずってやった分《ぶん》、今度《こんど》は小吉《こきち》の体《からだ》が半分以上《はんぶんいじょう》、ふとんから出《で》てしまっていた。

――貧乏《びんぼう》ではなく、貧乏《びんぼう》に負《ま》けることこそが恥《はじ》、か。

寒《さむ》さをこらえながら、小吉《こきち》は、母《はは》のことばと、島津家《しまづけ》に代々《だいだい》伝《つた》わる教《おし》えの歌《うた》とを、胸《むね》のうちにいっしょに並《なら》べていた。

〝いにしえの道《みち》を聞《き》きても唱《とな》えても　わが行《おこな》いにせずば甲斐《かい》なし〟

昔《むかし》から正《ただ》しいとされるやり方《かた》を、どんなに立派《りっぱ》に学《まな》び、口《くち》に出《だ》しても、行動《こうどう》にうつさなければなんにもならないという意味《いみ》の歌《うた》である。

正《ただ》しいと信《しん》じたことを、行動《こうどう》にうつす。

そうすればきっと、貧乏《びんぼう》に勝《か》てる。弟《おとうと》や妹《いもうと》たちのためにも、まずは、一番上《いちばんうえ》の兄《あに》である自分《じぶん》が、それを実行《じっこう》しなければ。

「……寒《さむ》くない。寒《さむ》くない」

弟妹《ていまい》たちを起《お》こさないよう、小《ちい》さな声《こえ》でつぶやきながら、小吉《こきち》はかじかんだ手足《てあし》を懸命《けんめい》に動《うご》かし続《つづ》けた。

学問《がくもん》を志《こころざ》す

武士《ぶし》にたいせつなのは、武道《ぶどう》と学問《がくもん》だ。

「おはよう。みな集《あつ》まったか。さあ、まず、郷中《ごじゅう》の教《おし》えを唱《とな》えよう」

「うそは言《い》わない」

「負《ま》けない」

「弱《よわ》い者《もの》をいじめない」

「よし。今日《きょう》もおのおの、この三《みっ》つをきちんと守《まも》って一日《にち》を送《おく》ろう。では、素読《そどく》（漢文《かんぶん》を音読《おんどく》すること）をはじめるぞ」

小吉《こきち》は幼《おさな》なじみの大久保《おおくぼ》一蔵《いちぞう》（のちの利通《としみち》）と代《か》わる代《が》わる、大《おお》きな声《こえ》で書物《しょもつ》を読《よ》みあげていった。小吉《こきち》たちより年少《ねんしょう》の者《もの》が、二人《ふたり》が読《よ》みあげたあとに続《つづ》いて、同《おな》じところをもう一度《いちど》読《よ》む。

下之加治屋《したのかじや》の郷中《ごじゅう》で、このところ毎日《まいにち》のように見《み》られる風景《ふうけい》である。

小吉《こきち》と一蔵《いちぞう》は、成長《せいちょう》するにつれて、下之加治屋《したのかじや》の郷中《ごじゅう》の中心的存在《ちゅうしんてきそんざい》になりつつあった。

郷中《ごじゅう》とは、薩摩藩《さつまはん》の習慣《しゅうかん》で、武士《ぶし》の男子《だんし》が地域《ちいき》ごとに集《あつ》まって、年長者《ねんちょうしゃ》から学問《がくもん》や体《からだ》の鍛練《たんれん》を学《まな》ぶしくみである。六歳《さい》くらいから仲間入《なかまい》りして、そのつきあいは成人《せいじん》して結婚《けっこん》したあとも続《つづ》く。

郷中《ごじゅう》の絆《きずな》は固《かた》い。その分《ぶん》、ほかの郷中《ごじゅう》への競争意識《きょうそういしき》も強《つよ》くなる。

小吉《こきち》と一蔵《いちぞう》がいて、勢《いきお》いのよい下之加治屋《したのかじや》を、よく思《おも》わない者《もの》もあった。

天保《てんぽう》十年《ねん》（1839年《ねん》）、小吉《こきち》が十三歳《さい》のときのことだ。

その日《ひ》はお祭《まつ》りで、小吉《こきち》も一蔵《いちぞう》も、ほかの者《もの》たちといっしょに出《で》かけてきていた。

「や、すまない」

ほかの郷中《ごじゅう》の者《もの》たちとすれちがったとき、一蔵《いちぞう》の肩《かた》が、どうやらだれかと軽《かる》くぶつかったらしい。一言《ひとこと》わびてそのまま行《い》きすぎようとした一蔵《いちぞう》を、相手《あいて》の者《もの》がとがめて、よび止《と》めた。

「待《ま》て。もっとちゃんと謝《あやま》れ」

「なんだ。今謝《いまあやま》ったじゃないか」

「いばって歩《ある》くからぶつかるんだ。だいたい、下之加治屋《したのかじや》のやつらは貧乏《びんぼう》なくせに、生意《なまい》気《き》なんだ」

――なんだか、いやな空気《くうき》になってきたな。

「なんだと」

一蔵《いちぞう》がむっとして言《い》い返《かえ》したのを見《み》て、小吉《こきち》は二人《ふたり》の間《あいだ》に割《わ》って入《はい》った。

「やめないか。わざとじゃないんだ。争《あらそ》うのはよせ」

すると相手《あいて》は、小吉《こきち》の方《ほう》に荒《あら》っぽい言葉《ことば》を投《な》げかけてきた。

「お前《まえ》だな、大目玉《おおめだま》の小吉《こきち》。貧乏人《びんぼうにん》を集《あつ》めていい気《き》になっているんだろう」

相手《あいて》にしたらだめだ。小吉《こきち》は腹《はら》が立《た》つのをがまんして、冷静《れいせい》になろうと返事《へんじ》をした。

「今日《きょう》は祭《まつ》りの日《ひ》だ。けんかをしにきたんじゃない」

「うるさい！」

相手《あいて》がこぶしをふりあげて、小吉《こきち》になぐりかかってきた。

――どうしても、やろうっていうのか！

小吉《こきち》の心《こころ》の中《なか》で、がまんの糸《いと》がぷつりと切《き》れ、体《からだ》が夢中《むちゅう》で動《うご》いた。

気《き》づくと、相手《あいて》は小吉《こきち》に投《な》げ飛《と》ばされて、地面《じめん》に転《ころ》がっていた。

「くそ！　覚《おぼ》えてろよ」

それから、数日後《すうじつご》。

小吉《こきち》は、いつものように、藩《はん》の学問所《がくもんじょ》である造士館《ぞうしかん》で講義《こうぎ》を受《う》けていた。

事件《じけん》は、その帰《かえ》り道《みち》で起《お》きた。

「待《ま》て！　そこの大目玉《おおめだま》」

小吉《こきち》たちをよび止《と》めてきた者《もの》があった。待《ま》ち伏《ぶ》せしていたその顔《かお》に、小吉《こきち》は見覚《みおぼ》えがあった。

「二度《にど》といい気《き》になれないようにしてやる」

――仕返《しかえ》しにきたのか。しつこいヤツらだ。

小吉《こきち》は同《おな》じ郷中《ごじゅう》の者《もの》たちといっしょだった。ほかの者《もの》たちをかばおうと、思《おも》わず一歩《いっぽ》、前《まえ》へ出《で》ると、相手《あいて》が刀《かたな》をぬいた。

——刀《かたな》を持《も》ってくるとは。ひきょうな。

こちらの者《もの》は、だれも刀《かたな》など持《も》っていない。

刀《かたな》は、本当《ほんとう》にどうしても必要《ひつよう》なときでなければぬかないのが、本物《ほんもの》の武士《ぶし》だと、常々《つねづね》みなで考《かんが》えて、戒《いまし》めているからだ。学問所《がくもんじょ》へ通《かよ》うのに、刀《かたな》は不要《ふよう》だ。

——ひきょうな者《もの》は、許《ゆる》さないぞ。「負《ま》けない」は、郷中《ごじゅう》の教《おし》えだ。

小吉《こきち》はほかの者《もの》を下《さ》がらせておいて、自分《じぶん》は相手《あいて》の正面《しょうめん》に立《た》ちふさがり、深《ふか》く息《いき》を吐《は》きだして、心《こころ》を落《お》ち着《つ》けた。

——素手《すで》でじゅうぶん、立《た》ちむかってやろう。

慎重《しんちょう》に、相手《あいて》の出方《でかた》を見《み》すえ、先頭《せんとう》の者《もの》の隙《すき》をついて腕《うで》をつかみ、ねじあげる。

「痛《いて》てて っ」

悲鳴《ひめい》が聞《き》こえ、刀《かたな》がぽろっと地面《じめん》に落《お》ちた。と同時《どうじ》に、小吉《こきち》は勢《いきお》いよく相手《あいて》の体《からだ》を投《な》げ飛《と》ばした。

どーん!

ぴりっ。相手《あいて》の尻《しり》もちの音《おと》と同時《どうじ》に、こちらの右腕《みぎうで》に鋭《するど》い痛《いた》みが走《はし》ったが、小吉《こきち》はそれをものともせず、言《い》いはなった。

「これ以上《いじょう》痛《いた》い思《おも》いをしたくなかったら、さっさと立《た》ち去《さ》れ！」

ようやく立《た》ちあがった者《もの》がじりじりと後《あと》ずさりしたかと思《おも》うと、くるりとむきを変《か》えて、一目散《いちもくさん》に走《はし》りだした。

「おい」

「小吉《こきち》……」

後《うし》ろにいた一蔵《いちぞう》が、おそるおそる近寄《ちかよ》ってきた。

「おい。血《ち》が出《で》ているじゃないか。手当《てあて》しないと」

「ふん、かすり傷《きず》だよ。どうってことない」

小吉《こきち》は、左手《ひだりて》と口《くち》とを使《つか》って、手《て》ぬぐいで素早《すばや》く傷《きず》をおおった。

「さ、帰《かえ》るぞ」

平気《へいき》な顔《かお》で家《いえ》に帰《かえ》った小吉《こきち》だったが、母《はは》の目《め》はごまかせなかった。

「どうしたの！　その傷《きず》は。早《はや》く見《み》せなさい」

母《はは》の適切《てきせつ》な手当《てあ》てのおかげで傷《きず》はふさがったが、小吉《こきち》の右肘《みぎひじ》は、それ以来《いらい》まっすぐ伸《の》びなくなってしまった。それを知《し》った一蔵《いちぞう》は、「仕返《しかえ》し、しないのか？」とたずねてきた。

「しない。むこうから何《なに》かしてこない限《かぎ》り」

「やっぱり、えらいな、小吉《こきち》は。心《こころ》が広《ひろ》いよ」

「仕返《しかえ》しなんかしても、なんにもならないからさ」

——でも、もう、武術《ぶじゅつ》はできないな……。

小吉《こきち》は剣術《けんじゅつ》も柔術《じゅうじゅつ》も好《す》きだ。しかし、肘《ひじ》が伸《の》びなくては、竹刀《しない》を振《ふ》ることも、相手《あいて》と組《く》みあうことも、思《おも》いどおりにはできないだろう。

——学問《がくもん》を、ほかの者《もの》の倍《ばい》、いや、もっともっと、しっかりやろう。

この悔《くや》しさを、むしろ志《こころざし》に替《か》えていこう。小吉《こきち》はそう心《こころ》に決《き》めた。

役人《やくにん》としての最初《さいしょ》の仕事《しごと》

弘化元年《こうかがんねん》（１８４４年《ねん》）。

小吉《こきち》は十八歳《さい》になると、名《な》を吉之助《きちのすけ》とあらためた。

「西郷吉之助《さいごうきちのすけ》。郡方書役助《こおりかたかきやくたすけ》に任《にん》ずる。心《こころ》してつとめるように」

「はい」

藩《はん》の役人《やくにん》としてつとめることになった吉之助《きちのすけ》が所属《しょぞく》することになったのは、農家《のうか》から納《おさ》められる年貢《ねんぐ》（現在《げんざい》の税金《ぜいきん》のようなもの。お金《かね》ではなく、米《こめ》などの作物《さくもつ》で納《おさ》めることが多《おお》い）を管理《かんり》する役所《やくしょ》であった。

上役《うわやく》の郡奉行《こおりぶぎょう》・迫田太次右衛門《さこだたじえもん》は、思《おも》いやりのある仕事熱心《しごとねっしん》な人《ひと》だった。

「見《み》まわりに参《まい》る。西郷《さいごう》も供《とも》をするように」

迫田《さこだ》は吉之助《きちのすけ》に早《はや》く仕事《しごと》を覚《おぼ》えさせようと、よく見《み》まわりの供《とも》をさせた。

——薩摩《さつま》の土地《とち》は、むずかしいな。

吉之助《きちのすけ》は迫田《さこだ》にしたがって、藩内《はんない》の農業《のうぎょう》の様子《ようす》を、あちこちていねいに見《み》てまわった。

薩摩《さつま》には、もともと稲作《いなさく》に不向《ふむ》きな土地《とち》も多《おお》く、人々《ひとびと》のくらしは厳《きび》しい。

「今年《ことし》は、いつにもまして、不作《ふさく》のようですね」

吉之助《きちのすけ》が言《い》うと、迫田《さこだ》はため息《いき》を吐《つ》きながらうなずいた。

「そうだな。土《つち》はなかなかよくならないし、天候《てんこう》にも恵《めぐ》まれなかったようだ」

――これでは、年貢《ねんぐ》を規定《きてい》どおり納《おさ》めたら、人々《ひとびと》は飢《う》え死《じ》にしてしまう。

「迫田《さこだ》さま。こういうときは、どうすればいいのでしょう」

「うむ。まずは、藩《はん》の上役《うわやく》に、少《すこ》しでも年貢《ねんぐ》を減《へ》らすことができないか、意見書《いけんしょ》を出《だ》してみることにしよう」

――なるほど。意見書《いけんしょ》をだすのか。

吉之助《きちのすけ》は、迫田《さこだ》が意見書《いけんしょ》をまとめるのを側《そば》で見《み》ていて、その書《か》き方《かた》を学《まな》んだ。田畑《たはた》の広《ひろ》さや、どれくらいの収穫《しゅうかく》が見《み》こめるかなど、細《こま》かい調《しら》べにもとづいた、説得力《せっとくりょく》のある意見《いけん》書《しょ》がつくられていった。

――きっと、年貢《ねんぐ》を減《へ》らしてもらえるにちがいない。

しばらくして、上役《うわやく》から回答《かいとう》が来《き》た。吉之助《きちのすけ》はその中身《なかみ》に期待《きたい》していたが、書状《しょじょう》を読《よ》む迫田《さこだ》の表情《ひょうじょう》は、みるみるうちにくもっていった。

「なんだ、この決《き》まりきった答《こた》えは……」

「なんと書《か》いてあるのですか」

「万事決《ばんじき》まりどおりにせよ、年貢《ねんぐ》を少《すく》なくすることは許《ゆる》されない、とあるだけだ」

迫田《さこだ》はがっくりと肩《かた》を落《お》とした。

——こんな仕事熱心《しごとねっしん》な人《ひと》の意見《いけん》が聞《き》きいれられないなんて。

政《まつりごと》はどうなっているんだろう。吉之助《きちのすけ》の心《こころ》に大《おお》きな疑問《ぎもん》がわいた。

それからまもなく、迫田《さこだ》は奉行《ぶぎょう》の職《しょく》をやめていった。「藩《はん》のやり方《かた》に失望《しつぼう》した」というのが、その理由《りゆう》だった。

「すまぬな、西郷《さいごう》。せっかくそなたのような有望《ゆうぼう》な者《もの》が入《はい》ってくれたゆえ、どうにかしたいと思《おも》ったのだが、もう私《わたし》には気力《きりょく》が続《つづ》かないのだ」

もっとこの人《ひと》から学《まな》びたい。そう思《おも》って、吉之助《きちのすけ》は引《ひ》き留《と》めたかったが、迫田《さこだ》の気持《きも》ちは変《か》わりそうになかった。

「若《わか》い者《もの》でがんばってくれ。郷中《ごじゅう》の教《おし》え『弱《よわ》い者《もの》をいじめない』の心《こころ》を、たいせつにな。たのむぞ」

「はい」

吉之助《きちのすけ》は、なんとも残念《ざんねん》な気持《きも》ちで、役所《やくしょ》を去《さ》って行《い》く迫田《さこだ》を見送《みおく》った。

――おや、これは、なんだろう。迫田《さこだ》さまの字《じ》だぞ。

迫田《さこだ》がいなくなったあとの宿舎《しゅくしゃ》の壁《かべ》に、何《なに》かが筆《ふで》で書《か》かれていた。

虫《むし》よ虫《むし》よ　五《いつ》ふし草《くさ》の根《ね》を絶《た》つな　絶《た》たばおのれも共《とも》に枯《か》れなん
――歌《うた》だ。

「虫《むし》よ。稲《いね》の根《ね》を絶《た》ってはいけない。もし稲《いね》の根《ね》を絶《た》てば、自分《じぶん》も稲《いね》も、ともに命《いのち》がなくなるぞ」

迫田《さこだ》の歌《うた》は、役人《やくにん》を虫《むし》に、稲《いね》を農民《のうみん》にたとえた一首《いっしゅ》だった。

「役人《やくにん》なんて、稲《いね》にたかる虫《むし》みたいなものだぞ」――迫田《さこだ》がよくそんなふうに言《い》って、役《やく》人《にん》が偉《えら》そうな態度《たいど》をとってはいけないと戒《いまし》めていたのを、吉之助《きちのすけ》は思《おも》いだした。

――迫田《さこだ》さま。

自分《じぶん》は決《けっ》して、そんな役人《やくにん》にならないよう、つとめます。見《み》ていてください。

迫田《さこだ》の歌《うた》は、その後《ご》ずっと枯《か》れることなく、吉之助《きちのすけ》の心《こころ》に根《ね》づいた。

新藩主《しんはんしゅ》、斉彬《なりあきら》の登場《とうじょう》

迫田《さこだ》がやめてしまってからも、吉之助《きちのすけ》は十年間《ねんかん》、郡方書役助《こおりかたかきやくたすけ》としてつとめを続《つづ》けていた。

その間《あいだ》に、何度《なんど》も何度《なんど》も、藩内《はんない》の農業《のうぎょう》について調《しら》べ、自分《じぶん》の考《かんが》えたことをまとめては、意見書《いけんしょ》を出《だ》してみたが、まともに取《と》りあげてもらえることは、一度《いちど》もなかった。

そのころ、人々《ひとびと》の間《あいだ》でしきりに話題《わだい》になっていたことがあった。

「つぎの藩主《はんしゅ》はだれか？」ということである。

藩主《はんしゅ》・斉興《なりおき》の息子《むすこ》のうち、斉彬《なりあきら》と久光《ひさみつ》、どちらがあとつぎになるのか。みなこのことをずっと気《き》にかけていた。

斉興《なりおき》が、いったんは斉彬《なりあきら》をあとつぎにと幕府《ばくふ》にとどけ出《で》たものの、実際《じっさい》にはいっこうに藩主《はんしゅ》の座《ざ》をゆずろうとしなかったので、藩内《はんない》に動揺《どうよう》や憶測《おくそく》が生《う》まれていたのだ。

「つぎの藩主《はんしゅ》は斉彬《なりあきら》さまだろう。母上《ははうえ》はご正室《せいしつ》だし」

「そうかなぁ。斉彬《なりあきら》さまは何《なに》かと新《あたら》しいことばかりなさりたがる。お金《かね》がかかって、豊《ゆた》かになる前《まえ》に、財政《ざいせい》が行《い》きづまってしまうんじゃないか？」

「弟君《おとうとぎみ》の久光《ひさみつ》さまの方《ほう》がいい。斉興《なりおき》さまも、久光《ひさみつ》さまの方《ほう》をじつは可愛《かわい》がっているようだ」

「でも、久光《ひさみつ》さまの母《はは》は側室《そくしつ》だ。母上《ははうえ》がご正室《せいしつ》で、お歳《とし》も斉彬《なりあきら》さまの方《ほう》が上《うえ》、筋《すじ》を通《とお》すなら斉彬《なりあきら》さまだ」

「しかし、斉彬《なりあきら》さまが藩主《はんしゅ》になると、幕府《ばくふ》から何《なに》かと目《め》をつけられるんじゃないか？　薩摩《さつま》は何《なに》かと警戒《けいかい》されているからな」

一蔵《いちぞう》も吉之助《きちのすけ》も、年配《ねんぱい》の者《もの》たちがこんなふうに話《はな》しあっているのを、よく横《よこ》で聞《き》いていた。

「斉彬《なりあきら》さまがなるべきだと思《おも》うがなぁ……。薩摩《さつま》には新《あたら》しい産業《さんぎょう》が必要《ひつよう》だ。斉彬《なりあきら》さまは新《あたら》しい技術《ぎじゅつ》の開発《かいはつ》や、産業《さんぎょう》の発展《はってん》に熱心《ねっしん》だ。はじめはたいへんかもしれないが、そのうちにきっと、藩《はん》の財政《ざいせい》が豊《ゆた》かになる」

吉之助《きちのすけ》が言《い》うと、一蔵《いちぞう》も同《おな》じ意見《いけん》だった。

「わしもそう思《おも》う。うちの父《ちち》もかねがねそう言《い》っているよ。技術《ぎじゅつ》だけじゃなくて、外国《がいこく》の事情《じじょう》にもおくわしい方《かた》だと。視野《しや》の広《ひろ》い、すばらしいお方《かた》だそうだ」

このあとつぎ問題《もんだい》は、やがて、藩内《はんない》を斉彬派《なりあきらは》と久光派《ひさみつは》に分裂《ぶんれつ》させる、大《おお》きな争《あらそ》いへと発《はっ》展《てん》した。この争《あらそ》いは、斉興《なりおき》の側室《そくしつ》で久光《ひさみつ》の母《はは》であったお由羅《ゆら》の名《な》から、「お由羅騒動《ゆらそうどう》」とよばれ（斉彬擁立《なりあきらようりつ》の中心人物《ちゅうしんじんぶつ》であった高崎五郎右衛門《たかさきごろうえもん》の名《な》から「高崎《たかさき》くずれ」ともいう）、両派《りょうは》に多《おお》くの処罰者《しょばつしゃ》をだした。

処罰《しょばつ》された人《ひと》の中《なか》には、吉之助《きちのすけ》の父《ちち》・吉兵衛《きちべえ》の上役《うわやく》にあたる、赤山靭負《あかやまゆきえ》という人《ひと》がふくまれていた。藩《はん》の重役《じゅうやく》であった靭負《ゆきえ》には切腹《せっぷく》が命《めい》じられ、吉兵衛《きちべえ》がその場《ば》に立《た》ち会《あ》うことになった。

「靭負《ゆきえ》さまは、薩摩《さつま》の将来《しょうらい》のために、絶対《ぜったい》、斉彬《なりあきら》さまが藩主《はんしゅ》になるべきだと、死《し》ぬ間際《まぎわ》まで言《い》っておいでだった……」

靭負《ゆきえ》は、吉之助《きちのすけ》にも目《め》をかけてくれていた人《ひと》だった。父《ちち》から靭負《ゆきえ》の切腹《せっぷく》の様子《ようす》を聞《き》いた吉之助《きちのすけ》は、あまりのことに涙《なみだ》を流《なが》した。

あとつぎ問題《もんだい》が吉之助《きちのすけ》の周囲《しゅうい》に与《あた》えた影響《えいきょう》は、これだけではなかった。

「西郷《さいごう》、たいへんだ。一蔵《いちぞう》の父親《ちちおや》が、島流《しまなが》しになったぞ」

あるとき、友人《ゆうじん》の一人《ひとり》が吉之助《きちのすけ》にあわてた様子《ようす》でこう知《し》らせてきた。

「なんだって！」

斉彬《なりあきら》を強《つよ》く推《お》していた一蔵《いちぞう》の父親《ちちおや》は、この争《あらそ》いに巻《ま》きこまれて、嘉永三年《かえいさんねん》（1850年《ねん》）に、鬼界島《きかいじま》（現在《げんざい》の喜界島《きかいじま》）に流罪《るざい》にされてしまった。

「わしも、お役目《やくめ》をやめさせられることになった」

一蔵《いちぞう》自身《じしん》も、そう言《い》ってがっくりと肩《かた》を落《お》とした。

「一蔵《いちぞう》……。しっかりしろよ。必《かなら》ず、斉彬《なりあきら》さまの世《よ》がくるはずだ。信《しん》じて待《ま》つんだ」

あとつぎ問題《もんだい》によるもめごとは、嘉永四年《かえいねん》（1851年《ねん》）の二月《がつ》まで続《つづ》いた。薩摩藩内《さつまはんない》の様子《ようす》を見《み》かねた江戸《えど》の将軍家《しょうぐんけ》から、「斉彬《なりあきら》を藩主《はんしゅ》にせよ」との助言《じょげん》がとどいて、ようやく決着《けっちゃく》を見《み》たのだった。

「一蔵《いちぞう》。とうとう斉彬《なりあきら》さまに決《き》まったぞ。きっと、お前《まえ》の父《ちち》も帰《かえ》ってこられる。お前《まえ》もきっと、お役目《やくめ》にもどれる」

「すまん、いつも気《き》づかってもらって……」

一蔵《いちぞう》と吉之助《きちのすけ》は、新《あたら》しいお殿《との》さまの登場《とうじょう》に、大《おお》きな期待《きたい》をよせた。

嘉永五年《かえいねん》（1852年《ねん》）、吉之助自身《きちのすけじしん》の環境《かんきょう》にも、大《おお》きな変化《へんか》が訪《おとず》れた。

両親《りょうしん》のすすめで、須賀《すが》という女性《じょせい》を妻《つま》にむかえることになったのだ。須賀《すが》の弟《おとうと》である伊《い》集院直右衛門《じゅういんなおえもん》は、吉之助《きちのすけ》の友人《ゆうじん》でもあった。

長男《ちょうなん》である吉之助《きちのすけ》の結婚《けっこん》で、晴《は》れやかな空気《くうき》に包《つつ》まれていた西郷家《さいごうけ》だったが、残念《ざんねん》なことに、めでたさは長《なが》く続《つづ》かなかった。

この年《とし》、七月《がつ》に祖父《そふ》、九月《がつ》に父《ちち》、十一月《がつ》に母《はは》と、吉之助《きちのすけ》の家族《かぞく》が立《た》て続《つづ》けに亡《な》くなった。

——よい時代《じだい》になると思《おも》っていたが……。

すぐ下《した》の妹《いもうと》、琴《こと》は結婚《けっこん》して家《いえ》を出《で》ており、また、すぐ下《した》の弟《おとうと》も二十歳《はたち》になっていて自分《じぶん》を助《たす》けてくれたが、二人《ふたり》の下《した》にまだ弟《おとうと》と妹《いもうと》が二人《ふたり》ずつあった。一番下《いちばんした》の弟《おとうと》はまだ六歳《さい》で、吉之助《きちのすけ》は父親代《ちちおやが》わりになってやらなければならなかった。

——しっかりせねば。

幼《おさな》い弟妹《ていまい》たち。新婚《しんこん》の妻《つま》。さらに、夫《おっと》と息子夫婦《むすこふうふ》を亡《な》くした祖母《そぼ》を気《き》づかうことも、吉《きち》之助《のすけ》は忘《わす》れなかった。

西郷家《さいごうけ》の主《あるじ》となった吉之助《きちのすけ》は、このとき二十六歳《さい》だった。

そうして、二年《ねん》ほど経《た》った、嘉永《かえい》七年《ねん》（1854年《ねん》）のこと――。

「西郷《さいごう》。そなた、殿《との》のお供《とも》の列《れつ》にくわわって、江戸《えど》へ行《い》くように」

「江戸《えど》、でございますか？」

吉之助《きちのすけ》は自分《じぶん》の耳《みみ》を疑《うたが》った。

「さよう。このたびの江戸《えど》行《い》きの供《とも》に、そなたをぜひいれよと仰《おお》せになった。なんでも、そなたの意見書《いけんしょ》をごらんになったとのことだ」

大名《だいみょう》には参勤交代《さんきんこうたい》（大名《だいみょう》が、一定期間《いっていきかん》ごとに江戸《えど》と自分《じぶん》の領地《りょうち》とを行《い》き来《き》すること）の義務《ぎむ》がある。斉彬《なりあきら》は、この年《とし》、薩摩《さつま》から江戸《えど》へむかう予定《よてい》になっていた。

――意見書《いけんしょ》を、殿《との》がお読《よ》みくださったとは。

ずっと無視《むし》されていた意見書《いけんしょ》。それでも、懲《こ》りずにこつこつとだし続《つづ》けることで、どこかへとどけばと思《おも》っていたのだが、まさか殿《との》のお目《め》に留《と》まるとは、思《おも》ってもみなかったことだ。

「身分《みぶん》、お役目《やくめ》は、中御小姓《ちゅうおこしょう》、定御供《じょうおとも》、江戸詰《えどづ》めとなる。ぜひ、そなたをお側近《そばちか》くに召《め》したいと思《おぼ》し召《め》しだそうだ。しっかりつとめるように」

——中御小姓《ちゅうおこしょう》。お側近《そばちか》く。直接《ちょくせつ》、殿《との》と話《はなし》ができる機会《きかい》もあるということだろうか……。

「身《み》に余《あま》る幸《しあわ》せに存《ぞん》じます。いっそう、精進《しょうじん》いたします」

声《こえ》の震《ふる》えをおさえながら、吉之助《きちのすけ》は深々《ふかぶか》と、頭《あたま》を下《さ》げた。

西郷《さいごう》どんコラム

「幕末《ばくまつ》」とはどういう時代《じだい》か

江戸幕府《えどばくふ》が開《ひら》かれて二百年《ひゃくねん》以上《いじょう》が経《た》った1830年《ねん》ごろになると、「鎖国《さこく》（外国《がいこく》とはごく限《かぎ》られた範囲《はんい》でしか交流《こうりゅう》しない）」、「幕藩体制《ばくはんたいせい》（地方《ちほう》の行政《ぎょうせい》はできるだけ藩《はん》に任《まか》せる）」などの制度《せいど》が、世《よ》の中《なか》の実情《じつじょう》にあわなくなってきました。それらが遠因《えんいん》となって、災害《さいがい》や伝染病《でんせんびょう》、食糧不足《しょくりょうぶそく》などに苦《くる》しむ人々《ひとびと》が増《ふ》え、また経済《けいざい》の格差《かくさ》なども広《ひろ》がって、不満《ふまん》を持《も》つ人《ひと》が増《ふ》えていました。

黒船《くろふね》が日本《にほん》の海《うみ》に姿《すがた》を見《み》せたのをきっかけに、それまで政治《せいじ》には口《くち》だしできないと思《おも》わされてきた身分《みぶん》の低《ひく》い武士《ぶし》や浪人《ろうにん》、町人《ちょうにん》や農民《のうみん》たちが、「自分《じぶん》たちで何《なに》かしよう」と、各地《かくち》で活動《かつどう》をはじめ、世《よ》の中《なか》に影響《えいきょう》を与《あた》えるようになりました。そういう人々《ひとびと》を「志士《しし》」とよんだりもします。

大名《だいみょう》の中《なか》にも、制度《せいど》を変《か》えた方《ほう》がよいと考《かんが》えて、身分《みぶん》にとらわれずに人材《じんざい》を活用《かつよう》しようとする人《ひと》がだんだんと増《ふ》えていきます。西郷《さいごう》の主君《しゅくん》であった島津斉彬《しまづなりあきら》などは、その代表的《だいひょうてき》な人物《じんぶつ》でした。

また、ちょうどそのころ、将軍家《しょうぐんけ》では、「実子《じっし》の男子《だんし》によってあとつぎを決《き》める」ことが難《むずか》しくなっており、だれを養子《ようし》にするかの議論《ぎろん》も起《お》きていました。

そこで、幕府《ばくふ》のあり方《かた》を変《か》えたいと考《かんが》える大名《だいみょう》の中《なか》には、「つぎに養子《ようし》に入《はい》る人《ひと》が、自分《じぶん》たちの考《かんが》えに近《ちか》い人《ひと》であった方《ほう》が、自分《じぶん》たちの考《かんが》えを政治《せいじ》に反映《はんえい》させやすい」と考《かんが》え、あとつぎ問題《もんだい》にも介入《かいにゅう》しようとする人《ひと》が出《で》てきます。

幕府《ばくふ》の方《ほう》でも、これまでのやり方《かた》では、国内《こくない》の経済問題《けいざいもんだい》や、つぎつぎとやってくる西欧諸国《せいおうしょこく》からの要求《ようきゅう》に対応《たいおう》できないと、力《ちから》のある大名《だいみょう》を頼《たよ》ろうとする動《うご》きを見《み》せており、あとつぎ問題《もんだい》においても、そうした大名《だいみょう》の意見《いけん》を無視《むし》するわけにはいかないと考《かんが》える重役《じゅうやく》も増《ふ》えていました。

こうした中《なか》で、それまで長《なが》い間《あいだ》、政治《せいじ》の表《おもて》からは影《かげ》をひそめていた、朝廷《ちょうてい》の存在《そんざい》が大《おお》きくなっていきます。「日本《にほん》の本来《ほんらい》の中心《ちゅうしん》は、天皇《てんのう》と、天皇《てんのう》を補佐《ほさ》する朝廷《ちょうてい》だ。物事《ものごと》が大《おお》きく変《か》わるときに、幕府《ばくふ》だけで決《き》めるのはよくない」と考《かんが》える人々《ひとびと》が増《ふ》えていったからでした。

ただ、幕府《ばくふ》のある江戸《えど》と、朝廷《ちょうてい》のある京《きょう》、二か所《しょ》に、日本中《にほんじゅう》から人《ひと》が集《あつ》まり、さまざまな議論《ぎろん》がなされるようになったため、混乱《こんらん》も起《お》きます。中《なか》には、武力《ぶりょく》などの荒《あら》っぽい手段《しゅだん》に訴《うった》えて、自《じ》分《ぶん》の不満《ふまん》を爆発《ばくはつ》させるような集団《しゅうだん》もあったので、人々《ひとびと》を不安《ふあん》におとしいれることも少《すく》なくありませんでした。

人々《ひとびと》の不満《ふまん》や不安《ふあん》はやがて、江戸幕府《えどばくふ》をたおし、天皇《てんのう》（朝廷《ちょうてい》）のもとで新《あたら》しい政治《せいじ》のしくみをつくろうという動《うご》きへと変化《へんか》していきます。

西郷隆盛《さいごうたかもり》は、その動《うご》きの中心《ちゅうしん》にいた人物《じんぶつ》のひとりです。

西郷《さいごう》どん
コラム

甘《あま》いもの好《ず》き!? 西郷隆盛《さいごうたかもり》の好物《こうぶつ》は?

西郷隆盛《さいごうたかもり》というと、大《おお》きな体格《たいかく》、大《おお》きな目《め》を思《おも》い浮《う》かべる人《ひと》も多《おお》いかもしれません。身長《しんちょう》は180センチメートル以上《いじょう》あったといわれます。体重《たいじゅう》は増減《ぞうげん》がはげしかったようで、奄美大島《あまみおおしま》にいたころにいったん太《ふと》ったものの、次《つぎ》に沖永良部島《おきのえらぶじま》へ流罪《るざい》になったときには、過酷《かこく》な環《かん》境《きょう》のためにたいへんやせたそうです。

お酒《さけ》は弱《よわ》かったのですが、油《あぶら》の多《おお》い豚肉料理《ぶたにくりょうり》や甘《あま》いもの、とくに鹿児島名物《かごしまめいぶつ》のかるかん饅頭《まんじゅう》が好物《こうぶつ》だったそうなので、島《しま》からもどってふたたび活躍《かつやく》するようになってから、そういったものをたくさん食《た》べて、太《ふと》りやすくなっていたのかもしれません。そのせいかどうかはわかりませんが、やせた女性《じょせい》より、太《ふと》った女性《じょせい》の方《ほう》が好《この》みのタイプだったといわれ、そのエピソードは歌舞伎《かぶき》(池《いけ》田大伍《だだいご》「西郷《さいごう》と豚姫《ぶたひめ》」)にもなっています。

目《め》の大《おお》きいことは子《こ》どものころから目立《めだ》っており、「うどめ」「うーとん」(鹿児島《かごしま》の方言《ほうげん》で「大《おお》きな目《め》」という意味《いみ》)とあだ名《な》されていました。この目《め》は会《あ》った人《ひと》みなに強《つよ》い印象《いんしょう》を残《のこ》したようで、イギリスの外交官《がいこうかん》アーネスト・サトウは「黒《くろ》ダイヤのように光《ひか》る大《おお》きな目《め》」と描写《びょうしゃ》しています。

西郷《さいごう》どんコラム

大久保利通《おおくぼとしみち》と西郷《さいごう》 その①

大久保利通《おおくぼとしみち》（一蔵《いちぞう》）は、文政《ぶんせい》十三年《ねん》（1830年《ねん》）生《う》まれで、西郷《さいごう》より三《みっ》つ年少《ねんしょう》です。父利世《ちちとしよ》は薩摩藩士《さつまはんし》でしたが、身分《みぶん》が低《ひく》く、くらしは貧《まず》しかったといいます。

一家《いっか》は、利通《としみち》が生《う》まれてまもなくのころに、西郷家《さいごうけ》と同《おな》じ、下之加治屋町《したのかじやまち》に引《ひ》っ越《こ》しました。家庭環境《かていかんきょう》も近《ちか》い二人《ふたり》は、幼《おさな》なじみの遊《あそ》び友達《ともだち》として、子《こ》ども時代《じだい》をいっしょにすごしました。

やがて、薩摩藩内《さつまはんない》のもめごとによって、父《ちち》が鬼界島《きかいじま》に流罪《るざい》になると、大久保本人《おおくぼほんにん》も藩《はん》のつとめをやめさせられてしまい、一家《いっか》は経済的《けいざいてき》にも精神的《せいしんてき》にもたいへん苦《くる》しい時期《じき》をすごすことになりました。

大久保《おおくぼ》は、母《はは》と四人《にん》の妹《いもうと》とともに、父《ちち》が許《ゆる》されることを信《しん》じて、学問《がくもん》に励《はげ》みました。このときの体験《たいけん》が、大久保《おおくぼ》の冷静《れいせい》で論理的《ろんりてき》な性格《せいかく》を養《やしな》ったといわれています。

親友《しんゆう》だった西郷《さいごう》が島流《しまなが》しになっている間《あいだ》、大久保《おおくぼ》は藩内《はんない》の同志《どうし》たちをまとめ、リーダーシップを発揮《はっき》しました。藩主《はんしゅ》の父《ちち》として実権《じっけん》をにぎる久光《ひさみつ》に反発《はんぱつ》して、脱藩《だっぱん》しようとする同志《どうし》たちを説《せっ》得《とく》し、あくまで穏《おだ》やかに藩内《はんない》で意見《いけん》をまとめるよう、つとめたのでした。

そんな中《なか》、久光《ひさみつ》の趣味《しゅみ》が囲碁《いご》であることを知《し》ると、その囲碁仲間《いごなかま》のひとりに囲碁《いご》を教《おそ》わること

を口実《こうじつ》にして、少《すこ》しずつ久光《ひさみつ》に近《ちか》づき、自分《じぶん》たちの考《かんが》えを知《し》ってもらうよう、はたらきかけました。

こうした冷静《れいせい》な「根《ね》まわし」のできる大久保《おおくぼ》は、久光《ひさみつ》の誤解《ごかい》や怒《いか》りを受《う》けがちだった西郷《さいごう》を支《ささ》える存在《そんざい》だったということができるでしょう。西郷《さいごう》は大久保《おおくぼ》について「家《いえ》を建《た》てることにたとえて言《い》えば、つくることと壊《こわ》すことは大久保《おおくぼ》より自分《じぶん》の方《ほう》がずっとうまい。だが、建《た》った家《いえ》の中《なか》をきれいにし、人《ひと》が住《す》める空間《くうかん》に整《ととの》えることは、自分《じぶん》より大久保《おおくぼ》がずっと才能《さいのう》がある」というような意味《いみ》のことを述《の》べたと伝《つた》えられています。

慶応四年《けいおうよねん》（1868年《ねん》）一月《がつ》にはじまった戊辰戦争《ぼしんせんそう》のとき、西郷《さいごう》は政府軍《せいふぐん》を指揮《しき》して江戸《えど》へ入《はい》り、またさらに北陸《ほくりく》や東北《とうほく》へも、旧幕府軍《きゅうばくふぐん》との戦《たたか》いにおもむいていますが、大久保《おおくぼ》の方《ほう》はずっと京《きょう》にいて、岩倉具視《いわくらともみ》や木戸孝允《きどたかよし》らとともに、新政府《しんせいふ》の体制《たいせい》をどうするかについて、話《はな》しあいを続《つづ》けていました。

たがいの長所《ちょうしょ》を生《い》かして役割《やくわり》を分担《ぶんたん》することで、世《よ》の中《なか》の大《おお》きな変化《へんか》を担《にな》う。そんな二人《ふたり》のよい関係《かんけい》は、廃藩置県《はいはんちけん》を実現《じつげん》するまでは、ときに意見《いけん》がちがってぶつかりあうことはあっても、うまく続《つづ》いていたといえるでしょう。

しかし、大久保《おおくぼ》が欧米《おうべい》を視察《しさつ》している間《あいだ》に、朝鮮半島《ちょうせんはんとう》との外交問題《がいこうもんだい》が持《も》ちあがったことで、二人《ふたり》の意見《いけん》は決定的《けっていてき》に食《く》いちがってしまうことになるのです。


（177ページに続《つづ》く）

二、藩主《はんしゅ》側近《そっきん》として〜運命《うんめい》の出会《であ》い

お庭方役《にわかたやく》

嘉永《かえい》七年《ねん》（１８５４年《ねん》）一月《がつ》二十一日《にち》。

吉之助《きちのすけ》は、江戸《えど》へむかう斉彬《なりあきら》の行列《ぎょうれつ》の一員《いちいん》として、鹿児島《かごしま》を出発《しゅっぱつ》した。

途中《とちゅう》、行列《ぎょうれつ》が城下《じょうか》の西《にし》にさしかかると、いったん休息《きゅうそく》が命《めい》じられた。ここで装束《しょうぞく》や足《あし》まわりなどを、本格的《ほんかくてき》な旅支度《たびじたく》に整《ととの》えなおすのだ。

――殿《との》は、あちらだな。

吉之助《きちのすけ》のいたところから斉彬《なりあきら》の座所《ざしょ》は遠《とお》かったが、姿《すがた》を目《め》でたしかめることはできて、胸《むね》にあらためて喜《よろこ》びがわいた。

あとでわかったことだが、じつはこのとき、斉彬《なりあきら》の方《ほう》でも、「どれが西郷《さいごう》か」とわざわざ姿《すがた》をたしかめていたという。もちろん、このときの吉之助《きちのすけ》は、そのことを知《し》らなかった。

江戸《えど》へ着《つ》いたのは三月六日《がつむいか》のことだった。

——やはり、遠《とお》いな。そして、なんとにぎやかなのだろう。

通《とお》りを歩《ある》いていると、人々《ひとびと》の会話《かいわ》が聞《き》こえてくる。

「おい、黒船見《くろふねみ》たかい？」

「ああ。すごいな。あんなでかい船《ふね》、今《いま》まで見《み》たことがないよ」

「お上《かみ》はたいへんみたいだな。〝泰平《たいへい》の眠《ねむ》りをさますじょうきせん（蒸気船《じょうきせん》と、上喜撰《じょうきせん》＝高級《こうきゅう》なお茶《ちゃ》の名前《なまえ》をひっかけた洒落《しゃれ》）〟ってな」

「〝たった四杯《しはい》（船《ふね》を「杯《はい》」と数《かぞ》えることもある）で夜《よる》も眠《ねむ》れず〟ってか。しかし、黒船《くろふね》が来《き》てから、妙《みょう》に何《なん》でもものの値段《ねだん》があがってるなあ」

「ああ、そうだな。やっぱり異国《いこく》のせいなのか？　だったら迷惑《めいわく》な話《はなし》だ」

——異国《いこく》の軍艦《ぐんかん》は、そんなにすごいのか。

このころ、アメリカからペリーが来航《らいこう》するなど、海外《かいがい》からの動《うご》きが活発《かっぱつ》になっていた。

西洋列強《せいようれっきょう》は、徳川幕府《とくがわばくふ》が続《つづ》けてきた鎖国《さこく》（外国《がいこく》との交流《こうりゅう》を厳《きび》しく制限《せいげん》すること）をやめ、貿易《ぼうえき》などをはじめるための条約《じょうやく》（国同士《くにどうし》がつきあうにあたっての細《こま》かいとりきめ）を結《むす》べと、つぎつぎとはたらきかけてきているという。

——鎖国《さこく》の制度《せいど》はこれからどうなるんだろう。

このときの疑問《ぎもん》はぼんやりとしたものだったが、それからほどなくして、吉之助《きちのすけ》はこうした大《おお》きな問題《もんだい》に直接《ちょくせつ》かかわりを持《も》つようになる。

江戸《えど》へ来《き》て、一か月《げつ》ほどが経《た》ったころ、上役《うわやく》からよびだしがあった。

「西郷吉之助《さいごうきちのすけ》。本日《ほんじつ》より、お庭方役《にわかたやく》を命《めい》じる」

「え、お庭方役《にわかたやく》……」

「さよう。下役《したやく》ではあるが、殿《との》の御前《ごぜん》で話《はなし》をする機会《きかい》も多《おお》い。しっかりつとめるように」

——なんという光栄《こうえい》だろう。

「ありがたき仰《おお》せ。つつしんで承《うけたまわ》ります」

お庭方役《にわかたやく》となった吉之助《きちのすけ》は、幕府《ばくふ》が今抱《いまかか》えている問題《もんだい》について、斉彬《なりあきら》から直接話《ちょくせつはなし》を聞《き》くことができるようになった。

斉彬《なりあきら》は新《あたら》しい知識《ちしき》や技術《ぎじゅつ》を取《と》りいれると同時《どうじ》に、外国《がいこく》とのこれからのつきあい方《かた》についてもいろいろと考《かんが》えているようだった。

「黒船《くろふね》に圧倒《あっとう》されているだけではいけない。どうすれば、侵略《しんりゃく》を受《う》けずに、西欧諸国《せいおうしょこく》とつきあっていけるのか。現状《げんじょう》で条約《じょうやく》を結《むす》んでしまってよいのかどうか。それを考《かんが》えなければ。どうも、今《いま》の幕府《ばくふ》の重役《じゅうやく》たちの様子《ようす》では、心《こころ》もとないな」

南国《なんごく》の薩摩《さつま》は、江戸《えど》よりも、朝鮮半島《ちょうせんはんとう》や大陸《たいりく》を身近《みぢか》に感《かん》じるところだ。また、琉球《りゅうきゅう》（現在《げんざい》の沖縄県《おきなわけん》、およびその周辺《しゅうへん》）とのかかわりなど、外交問題《がいこうもんだい》を代々《だいだい》扱《あつか》ってきている。

「急《いそ》いで方針《ほうしん》を考《かんが》えないと、きっとたいへんなことになる。多《おお》くの者《もの》の知恵《ちえ》が必要《ひつよう》だ。西郷《さいごう》、これから、そなたにはあちこちへ出向《でむ》いてもらうことになる。頼《たの》むぞ」

それから吉之助《きちのすけ》は、斉彬《なりあきら》の命令《めいれい》で、さまざまな人物《じんぶつ》に会《あ》って話《はなし》を聞《き》いてくることになった。

「どうだ西郷《さいごう》。越前福井藩《えちぜんふくいはん》の橋本左内《はしもとさない》に会《あ》うことができたか」

「はい。ご命令《めいれい》どおり、お目《め》にかかってまいりました」

「うむ。それで、橋本《はしもと》はどんなことを話《はな》していた？　大事《だいじ》なことをまとめて話《はな》せよ」

「『開国《かいこく》』を主張《しゅちょう》しています。西洋列強《せいようれっきょう》の進《すす》んだ技術《ぎじゅつ》をもっと取《と》りいれるべきだと」

「そうか。そなた、以前《いぜん》、水戸藩《みとはん》の藤田東湖《ふじたとうこ》にも会《あ》ったであろう。藤田《ふじた》の言《い》ったことは覚《おぼ》えているか」

「はい。藤田《ふじた》どのは、『尊皇攘夷《そんのうじょうい》』を主張《しゅちょう》していました。今《いま》こそ、国全体《くにぜんたい》を考《かんが》えるために、天皇《てんのう》と朝廷《ちょうてい》を敬《うやま》い、みなでまとまって、異国《いこく》の悪《わる》い影響《えいきょう》を打《う》ち払《はら》うべきだと」

「で、そなた自身《じしん》はどう思《おも》う。それぞれの意見《いけん》について」

吉之助《きちのすけ》は、自分《じぶん》の意見《いけん》を聞《き》かれるとは思《おも》っていなかったのであわてたが、懸命《けんめい》に頭《あたま》の中《なか》を整理《せいり》して、答《こた》えを考《かんが》えた。

「えっ……そのう、どの意見《いけん》にもよいところがありますが、実現《じつげん》の難《むずか》しそうなことや、時間《じかん》がかかりそうなことも多《おお》いと。簡単《かんたん》に結論《けつろん》を出《だ》すべきではないと思《おも》いますが」

「そうだろうな。橋本《はしもと》の言《い》うとおり、西洋列強《せいようれっきょう》はどこもたいへんすぐれた科学技術《かがくぎじゅつ》を持《も》っている。取《と》りいれるべき点《てん》もあるだろう。しかし、だ」

斉彬《なりあきら》は、地球儀《ちきゅうぎ》をしめしながら、吉之助《きちのすけ》に言《い》った。

「清《しん》の国《くに》（現在《げんざい》の中国《ちゅうごく》）で起《お》きたことは、先日《せんじつ》そなたにも話《はな》したであろう」

この世界《せかい》が丸《まる》い形《かたち》をしていることを、吉之助《きちのすけ》は斉彬《なりあきら》から教《おし》えてもらって、はじめて知《し》ったのだった。

「はい。イギリスからアヘンが持《も》ちこまれて、多《おお》くの人々《ひとびと》が苦《くる》しみ、さらに戦争《せんそう》をしかけられて、国《くに》の力《ちから》が弱《よわ》くなったと」

「そのとおりだ。清《しん》のような大国《たいこく》でさえ、そんな目《め》にあう。小《ちい》さな島国《しまぐに》の日本《にほん》が生《い》き残《のこ》るには、自分《じぶん》の藩《はん》のことだけ考《かんが》えていてはだめだ。さまざまな情報《じょうほう》を集《あつ》め、分析《ぶんせき》して、よりよい方法《ほうほう》を選《えら》ばなければならない。そなたには、そのためにはたらいてもらっているのだからな」

「はい」

――殿《との》はなんと、物事《ものごと》を広《ひろ》く深《ふか》く、お考《かんが》えなのだろう。

しかも、自分《じぶん》のような身分《みぶん》の低《ひく》い者《もの》を教《おし》え導《みちび》いて、引《ひ》き立《た》ててくださる。

この殿《との》のためなら、なんでもしよう。吉之助《きちのすけ》は、そう思《おも》うようになっていた。

将軍家《しょうぐんけ》のあととり問題《もんだい》

そのころ、斉彬《なりあきら》が熱心《ねっしん》にかかわりを持《も》っていることのひとつに、将軍家《しょうぐんけ》のあととり問題《もんだい》があった。

今《いま》の将軍《しょうぐん》の家定《いえさだ》はまだ若《わか》いが、健康状態《けんこうじょうたい》があまりよくない。実子《じっし》の男子《だんし》が生《う》まれる可能《かのう》性《せい》はほとんどないとうわさされていた。

実子《じっし》がなければ、どこかから養子《ようし》をむかえなくてはならない。将軍家《しょうぐんけ》の養子《ようし》は、御三家《ごさんけ》（尾張藩《おわりはん》の徳川家《とくがわけ》、紀伊藩《きいはん》の徳川家《とくがわけ》、水戸藩《みとはん》の徳川家《とくがわけ》）出身者《しゅっしんしゃ》から選《えら》ばれることが慣例《かんれい》になっている。

斉彬《なりあきら》が、養子《ようし》、つまりつぎの将軍《しょうぐん》としてふさわしい人物《じんぶつ》と考《かんが》えているのは、水戸藩主《みとはんしゅ》・徳川斉昭《とくがわなりあき》の七男《なん》で、今《いま》は一橋家《ひとつばしけ》（将軍家《しょうぐんけ》の親戚《しんせき》にあたる家《いえ》）である慶喜《よしのぶ》という人《ひと》らしい。

斉彬《なりあきら》は、自分《じぶん》の意見《いけん》を実現《じつげん》しようと、将軍家定《しょうぐんいえさだ》のところに、自分《じぶん》の養女《ようじょ》である篤姫《あつひめ》を正室《せいしつ》として送《おく》りこんでいた。大奥《おおおく》（将軍《しょうぐん》の正室《せいしつ》や側室《そくしつ》の住《す》むところ。大勢《おおぜい》の女性《じょせい》たちがはたらいていた）を味方《みかた》につけようというのだ。

そのためにわざわざ、篤姫《あつひめ》をいったん、公家《くげ》である近衛家《このえけ》の養女《ようじょ》にするという面倒《めんどう》な手続《つづ》きまで踏《ふ》んでいた。

——しかし、なぜ、あのように熱心《ねっしん》に。

将軍家《しょうぐんけ》のあととりはたしかにたいせつなことだ。

だが、なぜ徳川《とくがわ》の親戚《しんせき》でもない外様大名《とざまだいみょう》（大名《だいみょう》のうち、関ヶ原《せきがはら》の戦《たたか》い以後《いご》に、徳川家《とくがわけ》にしたがった家《いえ》）の島津《しまづ》が、ここまで将軍家《しょうぐんけ》のことを考《かんが》えるのだろうと、吉之助《きちのすけ》はいくらか疑問《ぎもん》に思《おも》っていた。

「西郷《さいごう》、どうした。お役目《やくめ》に疑問《ぎもん》があるなら、いつでも素直《すなお》に申《もう》せ」

斉彬《なりあきら》は、吉之助《きちのすけ》のそんな様子《ようす》にすぐ気《き》づいて、話《はなし》をしてくれた。

「はい。殿《との》はなぜ、将軍《しょうぐん》さまのあとつぎ問題《もんだい》に、これほど熱心《ねっしん》なのですか」

「なるほど、そのことか。では、考《かんが》えてみよ。以前《いぜん》のように平和《へいわ》な折《おり》なら、将軍《しょうぐん》を血筋《ちすじ》のみで選《えら》んでもよい。幼《おさな》い方《かた》であっても、だんだんと成長《せいちょう》なさるうちに、ご自身《じしん》も学《まな》ばれるであろうし、まわりも補佐《ほさ》する」

「はい」

武家《ぶけ》のあととりは、血筋《ちすじ》を優先《ゆうせん》して決《き》まることが多《おお》い。

「しかし、今《いま》は事情《じじょう》がちがう。西欧《せいおう》が何《なに》を言《い》ってくるかわからない、いわば幕府《ばくふ》にとって非常事態《ひじょうじたい》だ。こういう、これから何《なに》が起《お》きるかわからぬときに、将軍《しょうぐん》が幼《おさな》い子《こ》どもでは困《こま》るであろう。幕府《ばくふ》がひとつでも判断《はんだん》を誤《あやま》れば、国全体《くにぜんたい》の危機《きき》につながる」

「たしかに」

現在《げんざい》、慶喜《よしのぶ》の対立候補《たいりつこうほ》として名前《なまえ》が挙《あ》がっているのは、紀伊藩主《きいはんしゅ》の慶福《よしとみ》（のちの家茂《いえもち》）で、まだ十一歳《さい》である。

「慶喜《よしのぶ》さまはすでに二十歳《はたち》におなりだ。西欧《せいおう》のことにもくわしい。また、父上《ちちうえ》の斉昭《なりあき》さまをはじめ、慶喜《よしのぶ》さまを推《お》す大名《だいみょう》たちはだいたい、わが島津《しまづ》をふくめ、西欧列強《せいおうれっきょう》についての情報《じょうほう》を熱心《ねっしん》に集《あつ》めている者《もの》たちだ」

――なるほど。

以前《いぜん》は、島津家《しまづけ》のような外様《とざま》の大名《だいみょう》は、老中《ろうじゅう》などの幕府《ばくふ》の重役《じゅうやく》に就《つ》くこともなく、幕府《ばくふ》の政治《せいじ》に口《くち》を出《だ》すことは許《ゆる》されていなかった。しかし、黒船《くろふね》が来《く》るようになってから、西《せい》欧列強《おうれっきょう》への対応《たいおう》に困《こま》った幕府《ばくふ》は、外様《とざま》の有力《ゆうりょく》な大名《だいみょう》の意見《いけん》にも耳《みみ》を傾《かたむ》け、生《い》かそうとする態度《たいど》を取《と》るようになっていた。

たしかに、そういうことならば、そうした大名《だいみょう》たちと協力《きょうりょく》のできる人《ひと》が将軍《しょうぐん》になった方《ほう》がよい。

「慶喜殿《よしのぶどの》につぎの将軍《しょうぐん》になってもらい、朝廷《ちょうてい》と協力《きょうりょく》して、国《くに》を強《つよ》くしなければ」

斉彬《なりあきら》と同《おな》じ考《かんが》えを持《も》っているのは、水戸藩《みとはん》の斉昭《なりあき》、備後福山藩主《びんごふくやまはんしゅ》で幕府《ばくふ》の老中《ろうじゅう》をつとめる阿部正弘《あべまさひろ》、越前福井藩主《えちぜんふくいはんしゅ》の松平慶永《まつだいらよしなが》らだった。

斉彬《なりあきら》は吉之助《きちのすけ》に、こうした諸藩《しょはん》の藩士《はんし》たちと、ことあるごとに交流《こうりゅう》するよう、命《めい》じた。

——なるほど、世《よ》の中《なか》は広《ひろ》い。すぐれた人《ひと》も多《おお》い。

薩摩《さつま》にずっといたら、おそらく知《し》ることのできなかったことがたくさんあった。

吉之助《きちのすけ》は藩士《はんし》たちとのつきあいから多《おお》くを学《まな》んだが、一方《いっぽう》で、吉之助《きちのすけ》の真面目《まじめ》な人柄《ひとがら》や冷静《れいせい》さは、「薩摩藩《さつまはん》には西郷《さいごう》という優秀《ゆうしゅう》な人《ひと》がいる」と広《ひろ》く知《し》られるようになっていった。

安政《あんせい》四年《ねん》（1857年《ねん》）になると、斉彬《なりあきら》は薩摩《さつま》へ帰《かえ》ることになり、吉之助《きちのすけ》も供《とも》をして江戸《えど》をはなれた。

「やはり、薩摩《さつま》はいいな」

吉之助《きちのすけ》の家族《かぞく》は、加治屋《かじや》の家《いえ》を手放《てばな》して上之園《うえのその》に引《ひ》っ越《こ》していた。ひさしぶりの故郷《こきょう》での日々《ひび》に、吉之助《きちのすけ》の心《こころ》は和《なご》んだが、穏《おだ》やかな日々《ひび》は長《なが》く続《つづ》かなかった。

六月《がつ》に、斉彬《なりあきら》とも親《した》しかった老中《ろうじゅう》の阿部正弘《あべまさひろ》が亡《な》くなると、彦根藩主《ひこねはんしゅ》の井伊直弼《いいなおすけ》ら、紀伊《きい》の慶福《よしとみ》をつぎの将軍《しょうぐん》に推《お》す大名《だいみょう》たちが力《ちから》を持《も》ちはじめた。

井伊《いい》は、阿部《あべ》とはちがい、これまでどおり、幕府《ばくふ》の方針《ほうしん》には外様《とざま》に口《くち》だしさせない方《ほう》がよいという考《かんが》え方《かた》の持《も》ち主《ぬし》でもあった。

「西郷《さいごう》。そなたにはまた江戸《えど》へ行《い》ってもらいたい」

十月《がつ》、斉彬《なりあきら》は吉之助《きちのすけ》をよび出《だ》して、そう命《めい》じた。

「諸藩《しょはん》との連絡役《れんらくやく》をつとめてくれ」

「かしこまりました」

――なんとしても、お役《やく》に立《た》とう。

強《つよ》い決心《けっしん》を胸《むね》に、吉之助《きちのすけ》はふたたび江戸《えど》へとむかった。

予期《よき》せぬ別《わか》れ

しかし、江戸《えど》の様子《ようす》は、吉之助《きちのすけ》の思《おも》いとは反対《はんたい》にむかって動《うご》いていた。

江戸《えど》の薩摩藩邸《さつまはんてい》に、篤姫《あつひめ》からの知《し》らせがとどいた。

「残念《ざんねん》ですが、大奥《おおおく》を味方《みかた》にするのは、思《おも》いえがいていたよりずっと難《むずか》しい状況《じょうきょう》です」

篤姫《あつひめ》は夫《おっと》である十三代将軍《だいしょうぐん》・家定《いえさだ》に、「つぎの将軍《しょうぐん》は慶喜《よしのぶ》にした方《ほう》がよい」と説得《せっとく》を続《つづ》けていた。

しかし、家定《いえさだ》の生母《せいぼ》である本寿院《ほんじゅいん》が「今《いま》そんな話《はなし》をするのは、家定《いえさだ》に対《たい》してたいへんに失礼《しつれい》だ。どういうつもりか」と怒《おこ》ってしまうなどのいきさつもあり、これ以上話《いじょうはなし》をすすめることは難《むずか》しいというのだった。

さらに、翌年《よくとし》の四月《がつ》になると、井伊《いい》が大老《たいろう》（必要《ひつよう》に応《おう》じて老中《ろうじゅう》のさらに上《うえ》に置《お》かれることになっている、将軍《しょうぐん》を補佐《ほさ》するための重役《じゅうやく》）の地位《ちい》に就《つ》いてしまった。

井伊《いい》は幕府《ばくふ》の判断《はんだん》で、条約《じょうやく》を結《むす》ぼうとしているらしい。

――これでは、どうにもならない。

吉之助《きちのすけ》は、いったん薩摩《さつま》へもどって、斉彬《なりあきら》に報告《ほうこく》し、指示《しじ》を仰《あお》ぐことにした。

「ううむ、そうか、困《こま》ったものだ。あの条約《じょうやく》には、朝廷《ちょうてい》がたいそう反対《はんたい》している。しかも、わが国《くに》にとって不利《ふり》な条件《じょうけん》がたくさんふくまれているのだ。これはやはり、朝廷《ちょうてい》にはたらきかけて、幕府《ばくふ》を動《うご》かしてもらうしかない」

このころ、迫《せま》ってくる西欧《せいおう》にそなえるために、朝廷《ちょうてい》を尊重《そんちょう》しようという「勤王《きんのう》（尊皇《そんのう》）」の考《かんが》えを持《も》つ者《もの》が、どんどん増《ふ》えていた。それによって、幕府《ばくふ》に対《たい》する朝廷《ちょうてい》の発言力《はつげんりょく》が強《つよ》くなっていたのだが、井伊《いい》のやり方《かた》は、そうした世論《よろん》を無視《むし》するものだった。

「では、いかがいたしましょう。帝《みかど》（天皇《てんのう》）は、この条約《じょうやく》のせいで、異国人《いこくじん》や異国《いこく》の船《ふね》が京《きょう》や大坂《おおさか》（現在《げんざい》の大阪《おおさか》）に近《ちか》づいてくるのを、とてもおそれていらっしゃるということですが」

「折《おり》を見《み》て、余《よ》が薩摩《さつま》の兵《へい》を率《ひき》いて京《きょう》へ行《い》き、まずは朝廷《ちょうてい》に安心《あんしん》してもらおう。そのうえで、朝廷《ちょうてい》から幕府《ばくふ》に意見《いけん》をしてもらう。そなたは、先《さき》に薩摩《さつま》を発《た》って、余《よ》の意志《いし》を朝廷《ちょうてい》や、考《かんが》えを同《おな》じくする大名《だいみょう》や公家《くげ》たちにつたえてくれ」

「かしこまりました」

六月十八日《がつにち》、吉之助《きちのすけ》はあわただしく薩摩《さつま》を出立《しゅったつ》した。

「ご苦労《くろう》であった。島津《しまづ》どののご意向《いこう》、よくわかった」

二十五日《にち》に、福岡《ふくおか》に着《つ》いた吉之助《きちのすけ》は、福岡藩主《ふくおかはんしゅ》の黒田長溥《くろだながひろ》に対面《たいめん》して斉彬《なりあきら》からの手紙《てがみ》をとどけると、それから斉彬《なりあきら》の言《い》いつけどおり、そのまま東《ひがし》へむかった。

七月七日《がつなのか》、吉之助《きちのすけ》は大坂《おおさか》に着《つ》くと、土浦藩士《つちうらはんし》の大久保要《おおくぼかなめ》を訪問《ほうもん》した。土浦藩主《つちうらはんしゅ》である土《つち》浦寅直《うらともなお》は、幕府《ばくふ》の重役《じゅうやく》のひとつである、大坂城代《おおさかじょうだい》（将軍《しょうぐん》に代《か》わって大坂城《おおさかじょう》をあずかる。大《おお》坂《さか》は大名《だいみょう》の支配地《しはいち》ではなく、幕府《ばくふ》が直接治《ちょくせつおさ》める直轄地《ちょっかつち》だった）をつとめていた。

「西郷《さいごう》どの。よう参《まい》られた。しかし、もはや江戸《えど》は……」

「えっ、いったいどういうことですか」

吉之助《きちのすけ》は、自分《じぶん》が薩摩《さつま》へ行《い》っている間《あいだ》に、江戸《えど》で何《なに》が起《お》きたのかを大久保《おおくぼ》から知《し》らされ、おどろきと怒《いか》りでいっぱいになった。

大久保《おおくぼ》の話《はなし》では、六月《がつ》の十九日《にち》、井伊《いい》は朝廷《ちょうてい》の許《ゆる》しを得《え》ないまま、勝手《かって》に外国《がいこく》と条約《じょうやく》（日《にち》米修好通商条約《べいしゅうこうつうしょうじょうやく》）を結《むす》んでしまった。さらに、二十五日《にち》には、将軍《しょうぐん》のあととりも慶福《よしとみ》に決《き》めてしまったというのだ。

「水戸《みと》さまたちが井伊《いい》に意見《いけん》しようとなさったようなのですが、かえってまずいことになったようで……」

大久保《おおくぼ》は苦々《にがにが》しい顔《かお》で、つぎのような話《はなし》をしてくれた。

水戸《みと》の斉昭《なりあき》らが中心《ちゅうしん》となって、井伊《いい》に意見《いけん》を変《か》えさせようという動《うご》きがあったらしいが、井伊《いい》はなかなかそれを聞《き》こうとしなかった。

当時《とうじ》の江戸城《えどじょう》では、大名《だいみょう》たちの立場《たちば》によって、それぞれ、江戸城《えどじょう》へ来《き》てもよい日《ひ》が決《き》められていた。斉昭《なりあき》らは、その習慣《しゅうかん》にしたがっていては、いつになっても井伊《いい》と話《はな》す機会《きかい》が得《え》られないと考《かんが》えて、決《き》まりにはない日《ひ》に、あえて江戸城《えどじょう》へむかった。

これが、かえって井伊《いい》に利用《りよう》されることになったというのだ。

「斉昭《なりあき》さまたちと行動《こうどう》をともにした大名方《だいみょうがた》は、おとがめを受《う》けることになるようです」

「おとがめですか。お城《しろ》へ行《い》っただけで」

「ええ。不時登城《ふじとじょう》、つまり、定《さだ》めを守《まも》らずに登城《とじょう》したのは、将軍《しょうぐん》さまへの不敬《ふけい》にあたると」

あとからわかったことだが、結局《けっきょく》この一件《いっけん》で、慶喜《よしのぶ》をつぎの将軍《しょうぐん》に推《お》していた有力《ゆうりょく》な大《だい》名《みょう》は、隠居《いんきょ》（藩主《はんしゅ》をやめてあととりに譲《ゆず》ること）や蟄居《ちっきょ》（自分《じぶん》のすまいから一切外《いっさいそと》へ出《で》ず、また人《ひと》の訪問《ほうもん》や手紙《てがみ》なども受《う》けずにくらすこと）、謹慎《きんしん》（反省《はんせい》の気持《きも》ちを深《ふか》めながら、世間《せけん》との交流《こうりゅう》を遠慮《えんりょ》して静《しず》かにくらすこと）といった厳《きび》しい処分《しょぶん》を受《う》けてしまい、行動《こうどう》の機会《きかい》を失《うしな》ってしまった。

しかも、それからすぐに、将軍家定《しょうぐんいえさだ》が病気《びょうき》で亡《な》くなってしまったのだ。

――これはもう、わが殿《との》に京《きょう》へおいでいただく以外《いがい》にあるまい。

そう思《おも》った吉之助《きちのすけ》は、京《きょう》で斉彬《なりあきら》を待《ま》つことにした。

七月二十七日《がつにち》、吉之助《きちのすけ》のもとに、思《おも》いもよらなかった知《し》らせが薩摩《さつま》からとどいた。

「殿《との》が亡《な》くなられた……。そんなばかな」

信《しん》じられない。あのすべてに力強《ちからづよ》い殿《との》が。

「もうすべておしまいだ。どうはたらけばいいかもわからない」

斉彬《なりあきら》は主君《しゅくん》であると同時《どうじ》に、生《い》き方《かた》を教《おし》えてくれる師《し》でもあった。あまりのことに、吉之助《きちのすけ》は何《なに》もかも投《な》げだしたい思《おも》いにかられていた。

「もはや生《い》きていても意味《いみ》がない。殿《との》のあとを追《お》おう。あの世《よ》までもお供《とも》したい。薩摩《さつま》へ帰《かえ》って、お墓《はか》の前《まえ》で腹《はら》を切《き》ろう」

主君《しゅくん》のあとを追《お》って死《し》ぬ殉死《じゅんし》は、戦国時代《せんごくじだい》の武士《ぶし》に多《おお》かった習慣《しゅうかん》だ。江戸時代《えどじだい》に入《はい》って四代将軍《だいしょうぐん》・家綱《いえつな》のときに禁止《きんし》されたことなのだが、吉之助《きちのすけ》はそれでも死《し》のうとまで思《おも》いつめた。

「西郷《さいごう》さん。あなた、死《し》のうとしていますね。しかし、早《はや》まってはいけない」

吉之助《きちのすけ》の心《こころ》を見《み》ぬいて、こう説得《せっとく》してくれたのは、月照《げっしょう》という僧侶《そうりょ》だった。月照《げっしょう》は京《きょう》の公家《くげ》たちと交流《こうりゅう》の深《ふか》い僧侶《そうりょ》で、斉彬《なりあきら》の考《かんが》えに賛同《さんどう》して、京《きょう》で活動《かつどう》していた。

「しかし、月照《げっしょう》さま。もう自分《じぶん》はどうしてよいかわからないのです」

「何《なに》を情《なさ》けないことを。今《いま》あなたがいなくなったら、斉彬《なりあきら》さまがこれまでなさってきたことが、無駄《むだ》になってしまうではありませんか。殉死《じゅんし》するくらいの気持《きも》ちがあるなら、ほかにできることがあるでしょう。斉彬《なりあきら》さまから教《おそ》わったことを、思《おも》いだしてください」

月照《げっしょう》はそう強《つよ》く言《い》って、吉之助《きちのすけ》をはげました。

「教《おそ》わったこと……」

自分《じぶん》の藩《はん》だけのことではなく、広《ひろ》く深《ふか》く、考《かんが》えること。

「そうだ、自分《じぶん》のことだけ考《かんが》えていてはいけないと、殿《との》はつねづね仰《おお》せになっていました」

「ならば、なおさらです。ここで死《し》ぬのは、それこそ、自分《じぶん》のことだけ考《かんが》えることになりますよ」

「月照《げっしょう》さま……。なるほど、考《かんが》えちがいをしていました。必《かなら》ず、ご遺志《いし》を継《つ》いでいきます」

「そうなさい。それでこそ、本当《ほんとう》の忠義《ちゅうぎ》というものですよ」

安政《あんせい》の大獄《たいごく》～月照《げっしょう》の死《し》

月照《げっしょう》のおかげで死《し》を思《おも》いとどまった吉之助《きちのすけ》だったが、今度《こんど》はその月照《げっしょう》に、危難《きなん》が訪《おとず》れてきた。

井伊《いい》は、「あととり問題《もんだい》や条約問題《じょうやくもんだい》のせいで、幕府《ばくふ》の影響力《えいきょうりょく》が弱《よわ》められた」と考《かんが》えるようになっていた。一方《いっぽう》、朝廷《ちょうてい》は「幕府《ばくふ》が朝廷《ちょうてい》に許可《きょか》を取《と》らずに外国《がいこく》と条約《じょうやく》を結《むす》んだことを許《ゆる》すわけにはいかない」と、井伊《いい》をとがめる姿勢《しせい》を強《つよ》くしめしていた。

そこで井伊《いい》は、朝廷《ちょうてい》の発言力《はつげんりょく》を弱《よわ》めようと、自分《じぶん》の意見《いけん》に反対《はんたい》していた者《もの》たちを残《のこ》らず処罰《しょばつ》する方針《ほうしん》を立《た》てたのだった。安政《あんせい》の大獄《たいごく》のはじまりである。

不時登城《ふじとじょう》で処分《しょぶん》された大名《だいみょう》たちの家臣《かしん》や、それに賛同《さんどう》していた公家《くげ》など、井伊《いい》に目《め》をつけられた者《もの》は片《かた》っ端《ぱし》からとらえられた。中《なか》には死罪《しざい》や遠島《えんとう》など、厳《きび》しい刑罰《けいばつ》を受《う》ける者《もの》も少《すく》なくなかった。

九月《がつ》、京《きょう》にいた吉之助《きちのすけ》は、月照《げっしょう》と親《した》しい公家《くげ》で、朝廷《ちょうてい》で左大臣《さだいじん》をつとめる近衛忠熙《このえただひろ》によびだされた。生前《せいぜん》の斉彬《なりあきら》と交流《こうりゅう》が深《ふか》く、篤姫《あつひめ》の養父《ようふ》にもなっている人物《じんぶつ》だ。近衛《このえ》は斉彬《なりあきら》亡《な》きあとも、月照《げっしょう》や吉之助《きちのすけ》を動《うご》かして、水戸《みと》や尾張《おわり》にあてた密書《みっしょ》を送《おく》ろうと試《こころ》みるなど、井《い》伊《い》とは反対《はんたい》の動《うご》きを続《つづ》けていた。

「西郷《さいごう》。困《こま》ったことになった。このままでは、月照《げっしょう》どのが井伊《いい》にとらえられてしまう。そなたの力《ちから》で、逃《に》がしてはくれまいか」

「かしこまりました。必《かなら》ず、なんとかいたしましょう」

「たのむぞ」

吉之助《きちのすけ》は、近衛《このえ》のはからいで、有村俊斎《ありむらしゅんさい》とともに月照《げっしょう》を連《つ》れてまず奈良《なら》へ逃《に》げることにした。有村俊斎《ありむらしゅんさい》は吉之助《きちのすけ》と同《おな》じく、斉彬《なりあきら》に仕《つか》えていた者《もの》だった。

「だめです、幕府《ばくふ》の役人《やくにん》が大勢《おおぜい》いて、人《ひと》の出入《でい》りを厳《きび》しく調《しら》べています」

奈良《なら》への道中《どうちゅう》、伏見《ふしみ》のあたりまで来《き》て、吉之助《きちのすけ》と有村《ありむら》は、奈良《なら》へむかうのは難《むずか》しいと悟《さと》った。

「そなたは、月照《げっしょう》さまを連《つ》れて大坂《おおさか》へむかってくれ」

吉之助《きちのすけ》は月照《げっしょう》を有村《ありむら》に託《たく》した。

「わしはこっそり京《きょう》へもどって、先《さき》の殿《との》のお力《ちから》が借《か》りられるように考《かんが》えてみよう」

斉彬《なりあきら》が急死《きゅうし》したのち、当主《とうしゅ》の座《ざ》には久光《ひさみつ》（斉彬《なりあきら》の腹《はら》ちがいの弟《おとうと》）の息子《むすこ》である忠義《ただよし》が就《つ》いていたが、まだ幼《おさな》いという理由《りゆう》から、先々代当主《せんせんだいとうしゅ》の斉興《なりおき》（斉彬《なりあきら》と久光《ひさみつ》の父《ちち》。忠義《ただよし》の祖父《そふ》）が「後見《こうけん》」になり、ふたたび実権《じっけん》を握《にぎ》っていた。その斉興《なりおき》はちょうど、江戸《えど》から薩摩《さつま》へ帰《かえ》る途中《とちゅう》で、京《きょう》に立《た》ちよる予定《よてい》になっていたのだった。

京《きょう》では、近衛《このえ》が口添《くちぞ》えしてくれたこともあり、斉興《なりおき》の警固《けいご》についていた薩摩《さつま》の家来《けらい》たちが、大坂《おおさか》で月照《げっしょう》を井伊《いい》の追《お》っ手《て》から守《まも》ってくれる手《て》はずになった。

「月照《げっしょう》さま。よくご無事《ぶじ》で」

「西郷《さいごう》さん、あなたこそ」

吉之助《きちのすけ》が大坂《おおさか》で月照《げっしょう》と再会《さいかい》したのは、九月十九日《がつにち》のことだった。そのころになると、吉《きち》之助《のすけ》自身《じしん》も、井伊《いい》に目《め》をつけられ、見《み》つかればつかまることが確実《かくじつ》になっていた。

「しかし、このまま大坂《おおさか》にいるのは難《むずか》しそうだ。井伊《いい》はなんといっても幕府《ばくふ》の大老《たいろう》だから、このあたりの役人《やくにん》はみなむこうの味方《みかた》になってしまう。やはり、薩摩《さつま》へ行《い》きましょう」

京《きょう》も大坂《おおさか》も幕府《ばくふ》の直轄地《ちょっかつち》である。しかも、井伊《いい》の国元《くにもと》である近江《おうみ》は京《きょう》の隣国《りんごく》で、もともと「京《きょう》で何《なに》か事件《じけん》が起《お》きたときにはかけつけるべき家《いえ》」と位置《いち》づけられていたので、京《きょう》は井伊《いい》の家来《けらい》にとって、とても動《うご》きやすい場所《ばしょ》だった。その目《め》をのがれ続《つづ》けるのは難《むずか》しい。

「では、みなで月照《げっしょう》さまを守《まも》って、なんとか薩摩《さつま》まで来《き》てくれ。わしは一足先《ひとあしさき》に薩摩《さつま》へ行《い》って、月照《げっしょう》さまをかくまえるよう、国元《くにもと》で手配《てはい》をしておく」

吉之助《きちのすけ》は、有村《ありむら》や、自分《じぶん》の従者《じゅうしゃ》である重助《じゅうすけ》にそう指図《さしず》して、薩摩《さつま》へむかった。

ところが、吉之助《きちのすけ》を待《ま》っていたのは、思《おも》いもかけない、薩摩藩内《さつまはんない》の変化《へんか》だった。

「薩摩藩《さつまはん》では、さような願《ねが》いは聞《き》けぬ」

藩《はん》の役人《やくにん》たちは、吉之助《きちのすけ》の申《もう》し出《で》を冷《つめ》たくあしらった。

「なんだと。近衛《このえ》さまのおたのみですぞ。斉興《なりおき》さまも聞《き》いておいでのはず。殿《との》に会《あ》わせてください。西郷《さいごう》が来《き》たと」

「殿《との》は、そなたには会《あ》わぬとの仰《おお》せだ。何《なに》も聞《き》いていないとのこと」

「そんなばかな……」

斉興《なりおき》は、斉彬《なりあきら》とは考《かん》えがちがっていた。薩摩藩《さつまはん》の安定《あんてい》を優先《ゆうせん》し、そのためには、幕府《ばくふ》との関係《かんけい》を悪《わる》くしない方《ほう》がよいと判断《はんだん》したのだ。ちょうど孫《まご》の忠義《ただよし》が、藩主着任《はんしゅちゃくにん》を正式《せいしき》に認《みと》めてもらうため、江戸《えど》へむかっている最中《さいちゅう》だったため、もし忠義《ただよし》が幕府《ばくふ》から何《なに》かとがめれては困《こま》るという心配《しんぱい》が、斉興《なりおき》の態度《たいど》を変《か》えさせてしまっていた。

「西郷《さいごう》。そなたも本来《ほんらい》なら幕府《ばくふ》に出頭《しゅっとう》してもらわなければならない身《み》の上《うえ》。薩摩《さつま》からそなたを幕府《ばくふ》へ突《つ》きだすことはしないが、行動《こうどう》は慎重《しんちょう》にしてほしい」

「え、それは……」

「そなたの名《な》はあちこちで知《し》られている。これからは吉之助《きちのすけ》の名《な》を使《つか》うことは許《ゆる》さぬとの殿《との》の仰《おお》せだ。西郷三助《さいごうさんすけ》と名《な》のっておけ」

――なんということを。

一方《いっぽう》、月照《げっしょう》の一行《いっこう》は追《お》っ手《て》の目《め》をのがれながら、吉之助《きちのすけ》からの知《し》らせを待《ま》って福岡《ふくおか》にかくれていたが、次第《しだい》にそこも危《あぶ》なくなってきたので、密《ひそ》かに薩摩《さつま》へと入《はい》っていた。

藩《はん》の役人《やくにん》から吉之助《きちのすけ》がよびだされたのは、十一月《がつ》の十五日《にち》のことだった。

「西郷《さいごう》。月照《げっしょう》はわれわれがとらえた」

「なんですって」

「そなたに命令《めいれい》である。今夜《こんや》、そなたの手《て》で月照《げっしょう》を日向送《ひゅうがおく》りとせよ」

「そ、そんな」

日向送《ひゅうがおく》りとは、表向《おもてむ》きは追放《ついほう》だが、実際《じっさい》には、薩摩藩《さつまはん》の領地《りょうち》と日向《ひゅうが》との国境《くにざかい》でこっそり斬《き》り捨《す》てよという意味《いみ》の命令《めいれい》だった。藩内《はんない》で殺《ころ》すと近衛《このえ》に言《い》い訳《わけ》ができないので、こんな卑怯《ひきょう》なやり方《かた》を取《と》ることにしたのだろう。

吉之助《きちのすけ》は、斉興《なりおき》や藩《はん》の重役《じゅうやく》たちの態度《たいど》に、絶望的《ぜつぼうてき》な気持《きも》ちになった。

——こんな取《と》り返《かえ》しのつかないことになったのは、自分《じぶん》の考《かんが》えが浅《あさ》かったからだ。月照《げっしょう》がいなければ、自分《じぶん》はすでに死《し》んでいたはず。いわば、自分《じぶん》の命《いのち》は、月照《げっしょう》のおかげで拾《ひろ》わせてもらったものだ。吉之助《きちのすけ》は、最後《さいご》の覚悟《かくご》を決《き》めた。

その夜《よる》、月照《げっしょう》と吉之助《きちのすけ》の姿《すがた》は、鹿児島湾《かごしまわん》に浮《う》かぶ船《ふね》の上《うえ》にあった。向《む》こう岸《ぎし》へ着《つ》いてし

まえば命令《めいれい》どおり、月照《げっしょう》を殺《ころ》すしか道《みち》はない。

――月照《げっしょう》さま。おわびのしようもございません。

吉之助《きちのすけ》は黙《だま》って月照《げっしょう》の方《ほう》をむき、胸《むね》の内《うち》でそうつぶやいた。その気持《きも》ちを察《さっ》したのだろう、月照《げっしょう》が胸元《むなもと》で手《て》をあわせた。

――覚悟《かくご》はしていると、つたえてくださったのだな。

「あっ！」

二人《ふたり》は、つき添《そ》いの者《もの》たちの隙《すき》をついて、いっしょに海《うみ》へ飛《と》びこんだ。

――これで、この世《よ》とはお別《わか》れだ。斉彬《なりあきら》さま。申《もう》し訳《わけ》ございません、おしかりは、あの世《よ》で存分《ぞんぶん》にいただきます。

どれくらいの時間《じかん》が経《た》っただろうか。

――月照《げっしょう》さま……？

海《うみ》から引《ひ》きあげられ、意識《いしき》を取《と》りもどした吉之助《きちのすけ》があたりを見《み》わたすと、月照《げっしょう》の姿《すがた》はなかった。

「わしだけ……わしだけ生《い》き残《のこ》ったというのか」

そう言《い》って号泣《ごうきゅう》する吉之助《きちのすけ》を見《み》て、つき添《そ》いの者《もの》たちが気《き》の毒《どく》そうに顔《かお》を背《そむ》けた。

薩摩藩《さつまはん》から幕府《ばくふ》へは、「西郷《さいごう》も月照《げっしょう》も死亡《しぼう》」との、偽《にせ》の報告《ほうこく》がだされた。

「西郷《さいごう》が生《い》きていると幕府《ばくふ》に知《し》れては困《こま》る。島送《しまおく》りとせよ」

島送《しまおく》りに

体《からだ》が快復《かいふく》した吉之助《きちのすけ》には、「名前《なまえ》を変《か》えて、当分《とうぶん》の間《あいだ》、奄美大島《あまみおおしま》でくらせ」という命令《めいれい》が出《だ》された。

出航《しゅっこう》する吉之助《きちのすけ》を見送《みおく》りに、一蔵《いちぞう》が港《みなと》まで来《き》てくれた。

「吉之助《きちのすけ》。体《からだ》を大事《だいじ》にしろよ。わしらは、まだまだあきらめる気《き》はない。きっと、お前《まえ》の出番《でばん》がまたあるはずだ」

「そうか、かたじけない。必《かなら》ず、亡《な》き殿《との》のご遺志《いし》を継《つ》いでくれ。たのむ」

「ああ。それで、いくつか、別《わか》れる前《まえ》にそなたに聞《き》いておきたいことがあるんだが、教《おし》えてくれるか」

「なんだ。わしで役《やく》に立《た》つなら、なんでも聞《き》いてくれ」

一蔵《いちぞう》は、「もし幕府《ばくふ》を武力《ぶりょく》でたおすことができるとすれば、どんな条件《じょうけん》がそろったときか」、「どの藩《はん》のだれが頼《たよ》りになるか」といったことを質問《しつもん》し、吉之助《きちのすけ》がいない間《あいだ》、志《こころざし》のある藩士《はんし》をまとめて行動《こうどう》するための、方針《ほうしん》を立《た》てようとしていた。

吉之助《きちのすけ》は、越前藩《えちぜんはん》、水戸藩《みとはん》、尾張藩《おわりはん》といったところとの連携《れんけい》を強《つよ》めるようにと助言《じょげん》し、自分《じぶん》の知《し》っている人物《じんぶつ》の役職《やくしょく》や名前《なまえ》を一蔵《いちぞう》に教《おし》えた。

「早《はや》まったことをするとつぶされる。くれぐれも慎重《しんちょう》に。みなの気持《きも》ちが高《たか》まるのはいいが、あせらないよう、そなたが気《き》をつけていてくれ」

「わかった。必《かなら》ず、また、いっしょに行動《こうどう》しよう」

菊池源吾《きくちげんご》と名《な》を変《か》えた吉之助《きちのすけ》は、安政六年《あんせいねん》（1859年《ねん》）の一月十二日《がつにち》、奄美大島《あまみおおしま》の龍郷村《たつごうむら》へと引《ひ》きうつった。

――ことばも景色《けしき》もずいぶんちがう。同《おな》じ国《くに》とは思《おも》えないほどだ。

島《しま》は、気候《きこう》も文化《ぶんか》も習慣《しゅうかん》も、薩摩本国《さつまほんごく》とは異《こと》なる点《てん》が多《おお》かった。吉之助《きちのすけ》は「くらしていけるだろうか」と不安《ふあん》だった。

また、島《しま》の住人《じゅうにん》たちも、

「大《おお》きな人《ひと》だな」

「何者《なにもの》だろう。なぜ島《しま》へ来《く》ることになったのか」

などと、不審《ふしん》の目《め》をむけてきて、遠《とお》くから見張《みは》っているような様子《ようす》だったので、吉之助《きちのすけ》はなかなか、島《しま》でのくらしになじむことができなかった。

一方《いっぽう》、一蔵《いちぞう》からは、手紙《てがみ》で、

……斉彬《なりあきら》さまの遺志《いし》を継《つ》ぐ志《こころざし》のある者《もの》の集団《しゅうだん》「誠忠組《せいちゅうぐみ》」をつくった。みなで藩《はん》の政治《せいじ》になんとかはたらきかけをしていきたい。

という知《し》らせが来《き》ていた。

――早《はや》く本国《ほんごく》へもどりたい。このまま終《お》わるのはいやだ。

不安《ふあん》と不満《ふまん》で一杯《いっぱい》だった吉之助《きちのすけ》のくらしが変《か》わりはじめたのは、半年《はんとし》ほどがすぎたころだった。

島送《しまおく》りといっても、吉之助《きちのすけ》にはある程度行動《ていどこうどう》の自由《じゆう》が許《ゆる》されていた。これまでのはたらきを知《し》っている地元《じもと》の集落《しゅうらく》の有力者《ゆうりょくしゃ》たちが、吉之助《きちのすけ》を敬《うやま》う態度《たいど》で接《せっ》してくれたので、島《しま》の住人《じゅうにん》たちとも少《すこ》しずつうちとけていった。

「これからの子《こ》どもたちは、読《よ》み書《か》きができた方《ほう》がいい。わしが教《おし》えましょう」

もともと気《き》さくな吉之助《きちのすけ》は、郷中《ごじゅう》のころの経験《けいけん》もあって、子《こ》どもを教《おし》えるのが上手《じょうず》だった。それを見《み》て、住人《じゅうにん》たちは、農業《のうぎょう》のことなども吉之助《きちのすけ》に相談《そうだん》にくるようになった。

島《しま》の主《おも》な農作物《のうさくもつ》はサトウキビだった。本国《ほんごく》から派遣《はけん》されている役人《やくにん》が、不正《ふせい》な取《と》り引《ひ》きによって利益《りえき》を得《え》て、島《しま》の人々《ひとびと》に本来《ほんらい》あってはならない負担《ふたん》をかけていることを知《し》った吉《きち》之助《のすけ》は、役人《やくにん》を批判《ひはん》し、自分《じぶん》が藩《はん》から得《え》ている収入《しゅうにゅう》を、島《しま》の人《ひと》たちを救《すく》うために使《つか》ったりした。

また、島《しま》には清国《しんこく》のことばを通訳《つうやく》できる者《もの》も住《す》んでいた。吉之助《きちのすけ》はそのことを知《し》ると、今度《こんど》は反対《はんたい》に自分《じぶん》が教《おし》えを請《こ》うなどして、自身《じしん》の学問《がくもん》を向上《こうじょう》させることも忘《わす》れなかった。

「西郷《さいごう》さん。島《しま》の女《おんな》と結婚《けっこん》する気《き》はありませんか」

住人《じゅうにん》たちとの交流《こうりゅう》を深《ふか》めていく吉之助《きちのすけ》に、島《しま》の有力者《ゆうりょくしゃ》たちが縁談《えんだん》を持《も》ってきた。

吉之助《きちのすけ》は以前《いぜん》に一度《いちど》結婚《けっこん》していたが、江戸《えど》や京《きょう》へ行《い》って留守《るす》がちだったせいで、妻《つま》であった須賀《すが》は、実家《じっか》へ連《つ》れもどされてしまっていた。

「結婚《けっこん》、ですか……」

島《しま》の女性《じょせい》には美《うつく》しい人《ひと》が多《おお》く、たしかに心《こころ》をひかれることもあった。

「龍一族《りゅういちぞく》の、愛加那《あいかな》という娘《むすめ》です。歳《とし》は西郷《さいごう》さんより十歳下《じゅっさいした》になります。いかがでしょう」

――あの娘《むすめ》か。

畑仕事《はたけしごと》をしている姿《すがた》を何度《なんど》か見《み》たことがある。品《ひん》のよい、しっかりした娘《むすめ》という印象《いんしょう》だ。

――しかし……。

吉之助《きちのすけ》は人々《ひとびと》の好意《こうい》をありがたく思《おも》ったが、迷《まよ》いもあった。

「愛加那《あいかな》ならわしもありがたい。しかし、ずっと幸《しあわ》せにしてやれるかどうか」

島《しま》には独特《どくとく》の掟《おきて》がある。

島《しま》の女《おんな》は、島《しま》から出《で》ることは許《ゆる》されない。だからもし、吉之助《きちのすけ》がこの先《さき》、本国《ほんごく》へ帰《かえ》ることになっても、愛加那《あいかな》を連《つ》れていくことはできないのだ。

「そのことは、本人《ほんにん》も承知《しょうち》しています。島《しま》にいる間《あいだ》だけでも、深《ふか》い縁《えん》があったと思《おも》って、大事《だいじ》にしてやってください」

愛加那《あいかな》を連《つ》れていくことはできないが、もし子《こ》どもができれば、その子《こ》には吉之助《きちのすけ》の子《こ》として武士《ぶし》の身分《みぶん》が与《あた》えられる。本国《ほんごく》で教育《きょういく》を受《う》けさせることもできる。

そうなれば、その子《こ》が、愛加那《あいかな》の助《たす》けになるだろう。

「ではこのお話《はなし》、ありがたくお受《う》けします」

十一月八日《がつようか》、吉之助《きちのすけ》は愛加那《あいかな》を妻《つま》にした。

愛加那《あいかな》とのくらしは楽《たの》しかったが、本国《ほんごく》のことや、京《きょう》や江戸《えど》の状況《じょうきょう》については、常《つね》に気《き》にかかっていた。

一蔵《いちぞう》からの知《し》らせでは、薩摩《さつま》では斉興《なりおき》がこの九月《がつ》に亡《な》くなって、代《か》わりに久光《ひさみつ》が、息子《むすこ》の忠義《ただよし》の後見《こうけん》の地位《ちい》に就《つ》いたらしい。また江戸《えど》では、井伊《いい》による処罰者《しょばつしゃ》が百名《ひゃくめい》をこえ、死《し》刑《けい》になったり、獄中《ごくちゅう》で死《し》んだりした者《もの》だけでも、十名以上《めいいじょう》に達《たっ》しているという。その中《なか》には月照《げっしょう》の弟《おとうと》、信海《しんかい》や、江戸《えど》でともに斉彬《なりあきら》に仕《つか》えた日下部伊三治《くさかべいそうじ》もふくまれていた。

翌年《よくとし》、安政《あんせい》七年《ねん》（１８６０年《ねん》）の三月《がつ》になると、今度《こんど》は井伊《いい》が、江戸城《えどじょう》の桜田門外《さくらだもんがい》で何《なに》者《もの》かに襲撃《しゅうげき》されて命《いのち》を落《お》としたという知《し》らせがとどいた。

――井伊《いい》が殺《ころ》されたのか。

ならば、自分《じぶん》もほどなく本国《ほんごく》へ帰《かえ》れるのではないか。

吉之助《きちのすけ》はそう期待《きたい》したが、それはなかなか実現《じつげん》しなかった。

「だんなさま。どうやら、お子《こ》を授《さず》かったようです」

「そうか。ぜひ、無事《ぶじ》に産《う》んでくれ」

万延二年《まんえんねん》（1861年《ねん》）の一月二日《がっふつか》、吉之助《きちのすけ》にとってはじめてのわが子《こ》が生《う》まれた。

「元気《げんき》な男《おとこ》の子《こ》だ。菊次郎《きくじろう》と名《な》づけよう」

西郷家《さいごうけ》の祖《そ》といわれる肥後《ひご》の菊池氏《きくちし》にちなんで、つけられた名前《なまえ》であった。

吉之助《きちのすけ》は、愛加那《あいかな》と菊次郎《きくじろう》のために、土地《とち》を買《か》い、家《いえ》を建《た》てることにした。

――こうしておけば、もし自分《じぶん》が帰《かえ》ることになっても、二人《ふたり》の居場所《いばしょ》がある。

「おや、そなた、何《なに》をしているのだ？」

吉之助《きちのすけ》の髪《かみ》は、いつも愛加那《あいかな》が手入《てい》れをしてくれていた。そのとき、抜《ぬ》けた髪《かみ》を、愛加《あいか》那《な》がていねいに拾《ひろ》い、捨《す》てずに布《ぬの》に包《つつ》んでいるのを見《み》つけて、吉之助《きちのすけ》はたずねた。

「……お形見《かたみ》に」

そろそろきっと本国《ほんごく》から吉之助《きちのすけ》はよびもどされる。愛加那《あいかな》はどうやらそう感《かん》じて、そんなことをしていたらしい。吉之助《きちのすけ》は妻《つま》の深《ふか》い愛情《あいじょう》に胸《むね》を打《う》たれた。

「どんなことがあっても、そなたを忘《わす》れたりはしないから。新《あたら》しい家《いえ》も、もうすぐ建《た》つ」

そうして家《いえ》ができあがり、引《ひ》っ越《こ》しを祝《いわ》って、地元《じもと》の人《ひと》たちを大勢《おおぜい》招《まね》いて宴会《えんかい》をしたのが、十一月《がつ》の二十日《はつか》だった。

その翌日《よくじつ》のことである。

「だんなさま。本国《ほんごく》の殿《との》から、お手紙《てがみ》です」

「殿《との》から！」

愛加那《あいかな》の顔《かお》がさっとくもった。

「……姓名《せいめい》をあらためた上《うえ》で、速《すみ》やかに本国《ほんごく》へもどってくるように」

——ついに来《き》た。

「愛加那《あいかな》。すまぬ」

「いいえ。だんなさまは、この島《しま》で一生《いっしょう》を終《お》えてはいけません。わたしたち三人《にん》のことは心配《しんぱい》せず、存分《ぞんぶん》におはたらきください」

妻《つま》のおなかには、二人目《ふたりめ》の子《こ》が宿《やど》っていた。

「子《こ》どもたちのことは、必《かなら》ず責任《せきにん》を持《も》つ。どうか気持《きも》ちをしっかり持《も》って、わしを見送《みおく》っておくれ」

文久二年《ぶんきゅうねん》（1862年《ねん》）一月二十九日《がつにち》、吉之助《きちのすけ》をのせた船《ふね》が、奄美大島《あまみおおしま》の港《みなと》をはなれていった。

久光《ひさみつ》という人《ひと》

二月《がつ》十一日《にち》に本国《ほんごく》へもどった吉之助《きちのすけ》は、「大島三右衛門《おおしまさんえもん》」と名《な》のることをとどけ出《で》た。「奄美大島《あまみおおしま》に三年《ねん》いた」という意味《いみ》をこめて名《な》づけたものだった。

翌々日《よくよくじつ》の十三日《にち》には、早《はや》くも藩《はん》の重役《じゅうやく》である小松帯刀《こまつたてわき》と対面《たいめん》することになった。

「よくもどってきたな、西郷《さいごう》。早速《さっそく》だが、そなたに京《きょう》ではたらいてもらいたい」

「京《きょう》、ですか」

「せっかく和宮《かずのみや》さまが御台所《みだいどころ》となられたのだ。この機会《きかい》をのがしてはならぬ。いっそうの公武合体《こうぶがったい》を進《すす》めるために、久光《ひさみつ》さまは、兵《へい》を率《ひき》いて京《きょう》へ行《い》き、帝《みかど》に意見《いけん》を申《もう》しあげるおつもりだ」

和宮《かずのみや》は今《いま》の帝《みかど》の妹宮《いもうとみや》である。朝廷《ちょうてい》と幕府《ばくふ》との関係《かんけい》がうまくいくようにと、将軍《しょうぐん》家茂《いえもち》の御《み》台所《だいどころ》（正室《せいしつ》）として、この宮《みや》が大奥《おおおく》へ入《はい》ったのだった。

「いきなり兵《へい》を率《ひき》いていくと仰《おお》せなのですか」

「なんだ、いきなりとは。もともとは斉彬《なりあきら》さまが予定《よてい》していたことではないか。薩摩《さつま》の兵《へい》力《りょく》をしめせば、帝《みかど》をはじめ京《きょう》の人々《ひとびと》は、薩摩《さつま》を頼《たよ》りに思《おも》って、こちらの意見《いけん》を受《う》けいれると。これはそなたの意見《いけん》でもあろう」

「それは、あのときの斉彬《なりあきら》さまだからこそできたことです。今《いま》、いきなりそんなことをすれば、幕府《ばくふ》や他藩《たはん》の人々《ひとびと》からどんな誤解《ごかい》を受《う》けるかわかりません。斉彬《なりあきら》さまは、事前《じぜん》に公《く》家《げ》や大名《だいみょう》たちと十分《じゅうぶん》に連絡《れんらく》を取《と》っておいででしたから」

「だから。それをそなたにやってほしいのだ」

――ずいぶん簡単《かんたん》に言《い》ってくれるじゃないか。

京《きょう》や朝廷《ちょうてい》というのは、人間関係《にんげんかんけい》のとても難《むずか》しいところだ。斉彬《なりあきら》が京《きょう》でどれだけの手《て》を用《よう》意周到《いしゅうとう》につくしていたか、小松《こまつ》も久光《ひさみつ》も知《し》らないのだろう。

吉之助《きちのすけ》は心《こころ》の中《なか》でこっそり、困《こま》ったものだ、とつぶやいた。

――薩摩《さつま》の国内《こくない》を動《うご》かすのとは訳《わけ》がちがうぞ。やはり、久光《ひさみつ》さまは考《かんが》えが浅《あさ》い。

「では一度《いちど》、直接《ちょくせつ》久光《ひさみつ》さまとお話《はな》しさせてもらえませんか。たしかめておきたいこともあります」

「そうか。わかった。では、申《もう》しあげてみよう」

翌々日《よくよくじつ》の二月十五日《がつにち》、小松《こまつ》の取《と》りはからいで、吉之助《きちのすけ》は久光《ひさみつ》と対面《たいめん》して話《はなし》をすることになった。

「ご上洛《じょうらく》（京《きょう》へ行《い》くこと）のためには、まだいろいろと準備《じゅんび》が必要《ひつよう》です。一度《いちど》お考《かんが》えなおしをいただくことはできませんか」

「どうしても延期《えんき》せよというのか」

「はい。京《きょう》は難《むずか》しいところです。久光《ひさみつ》さまは斉彬《なりあきら》さまとちがって地《じ》ゴロで、京《きょう》のご事情《じじょう》をご存《ぞん》じないでしょう」

――しまった。

久光《ひさみつ》が黙《だま》って口《くち》をへの字《じ》に結《むす》び、吉之助《きちのすけ》をにらみつけてきた。

地《じ》ゴロというのは、薩摩《さつま》のことばで、地元《じもと》生《う》まれ、地元育《じもとそだ》ちの人《ひと》という意味《いみ》だが、田舎《いなか》の人《ひと》を馬鹿《ばか》にする意味《いみ》もいささかふくまれている。心《こころ》の中《なか》で斉彬《なりあきら》とくらべていたせいで、ついうっかり、口《くち》をついて出《で》てしまったのだった。

――無礼《ぶれい》な者《もの》と思《おも》われたにちがいない。

しばしの重苦《おもくる》しい沈黙《ちんもく》の後《あと》、久光《ひさみつ》がやっと口《くち》を開《ひら》いた。

「では、出発《しゅっぱつ》を二十日《はつか》ほど延《の》ばそう。来月《らいげつ》の十六日《にち》ならどうじゃ」

「来月《らいげつ》ですか……」

吉之助《きちのすけ》は考《かんが》えこんだ。

「難《むずか》しいところだからこそ、そなたに力《ちから》をつくせと命《めい》じておるのだ。では、よいな。三月《がつ》十六日《にち》には出発《しゅっぱつ》するぞ」

こう言《い》われてしまうと、それ以上《いじょう》、反対《はんたい》とは言《い》えなかった。

「はい。かしこまりました」

そう返事《へんじ》してしまったが、吉之助《きちのすけ》の気持《きも》ちは重《おも》かった。

——うまくいくはずがない。

久光《ひさみつ》を信頼《しんらい》できない吉之助《きちのすけ》は、「島《しま》で痛《いた》めた足《あし》の古傷《ふるきず》がまた痛《いた》んできたから」と断《ことわ》って、指宿《いぶすき》へ湯治《とうじ》に行《い》ってしまった。体調不良《たいちょうふりょう》を口実《こうじつ》にして、久光《ひさみつ》の命令《めいれい》を拒否《きょひ》しようと思《おも》ったのだ。

「なあ吉之助《きちのすけ》。そう言《い》わずに」

説得《せっとく》に訪《おとず》れたのは一蔵《いちぞう》だった。誠忠組《せいちゅうぐみ》を率《ひき》いて久光《ひさみつ》とよい関係《かんけい》を築《きず》いてきた一蔵《いちぞう》は、吉《きち》之助《のすけ》とはちがって、久光《ひさみつ》をある程度信頼《ていどしんらい》している様子《ようす》である。

「久光《ひさみつ》さまは、そなたに九州諸藩《きゅうしゅうしょはん》の状況《じょうきょう》を探《さぐ》って、分析《ぶんせき》してほしいと仰《おお》せだ。これから肥《ひ》後《ご》や筑前《ちくぜん》をまわって、その後下関《ごしものせき》で久光《ひさみつ》さまがおいでになるまで、待《ま》っていてくれ」

一蔵《いちぞう》にそう言《い》われると、それでもいやだとは言《い》いにくい。

「わかった。やれることは、やろう」

吉之助《きちのすけ》は、言《い》われたとおり、肥後《ひご》と筑前《ちくぜん》をまわって、下関《しものせき》まで行《い》った。下関《しものせき》には、以前《いぜん》から顔見知《かおみし》りの他藩《たはん》の家臣《かしん》たちも大勢《おおぜい》いて、みなしきりに久光《ひさみつ》のことをうわさしていた。

「とうとう、久光《ひさみつ》さまが上洛《じょうらく》なさるそうだな」

「ああ。ついに、武力《ぶりょく》で幕府《ばくふ》をたおすつもりらしい」

「素晴《すば》らしい！　各地《かくち》からみな、久光《ひさみつ》さまに期待《きたい》して、京《きょう》へ集《あつ》まっているぞ」

――まずいな。みな、久光《ひさみつ》さまが今《いま》すぐ武力《ぶりょく》で幕府《ばくふ》をたおすつもりだと思《おも》っている。

「みなさん、それはちがいます。久光《ひさみつ》さまは、あくまで、公武合体《こうぶがったい》を強《つよ》く進《すす》めるためだけに」

「そんなばかな。せっかく兵《へい》を率《ひき》いていくのだから、そんなはずないでしょう。みな期待《きたい》しています。ぜひ加勢《かせい》したいという者《もの》も多《おお》い」

——いかん。これでは京《きょう》や大坂《おおさか》で大騒動《おおそうどう》になってしまう。急《いそ》いで大坂《おおさか》へ行《い》こう。

このままでは危険《きけん》だと判断《はんだん》した吉之助《きちのすけ》は、久光《ひさみつ》を待《ま》ちきれず、一足先《ひとあしさき》に下関《しものせき》を発《た》った。

大坂《おおさか》の薩摩藩邸《さつまはんてい》に行《い》ってみると、今《いま》すぐにでも暴《あば》れだしそうな者《もの》たちが大勢《おおぜい》集《あつ》まってい
た。薩摩藩《さつまはん》以外《いがい》の出身者《しゅっしんしゃ》も多《おお》い。

「西郷《さいごう》さん。とうとう、やるのですね」

「われらの手《て》で、幕府《ばくふ》をたおし、新《あたら》しいしくみを！」

吉之助《きちのすけ》は必死《ひっし》で説得《せっとく》した。

「いや、待《ま》て。殿《との》は今《いま》、さようなことはお考《かんが》えになってはいない」

「じゃあなぜ、兵《へい》を率《ひき》いて京《きょう》へおいでになるのですか」

「そうだそうだ」

——だからだめだと言《い》ったのに。

「たのむ、みな、落《お》ち着《つ》いてくれ。今勝手《いまかって》な動《うご》きをすれば、殿《との》にも迷惑《めいわく》をかけるし、みなの志《こころざし》も無駄《むだ》になる。何《なに》かあれば直接《ちょくせつ》、きちんと殿《との》からご命令《めいれい》があるだろうから、それまで

は、くれぐれも慎重《しんちょう》に。勝手《かって》なことはしないでくれ」

吉之助《きちのすけ》は懸命《けんめい》にみなを落《お》ち着《つ》かせると、久光《ひさみつ》に現状《げんじょう》を報告《ほうこく》しようと考《かんが》え、藩邸《はんてい》の役人《やくにん》にたずねた。

「殿《との》の行列《ぎょうれつ》は、今《いま》どのあたりにいらっしゃるか」

「明日《あした》あたり、兵庫《ひょうご》へ着《つ》かれると知《し》らせがきています」

吉之助《きちのすけ》は急《いそ》いで兵庫《ひょうご》へむかった。

久光《ひさみつ》が泊《と》まる予定《よてい》の宿《やど》へむかって歩《ある》いていると、一蔵《いちぞう》がこちらへむかって、たいへんな勢《いきお》いで走《はし》ってくる。

「吉之助《きちのすけ》！　待《ま》て。話《はなし》がある、こっちへ来《こ》い」

「なんだ。わしはこれから久光《ひさみつ》さまにお目《め》にかかるんだ」

「だから、待《ま》てというんだ」

一蔵《いちぞう》は吉之助《きちのすけ》の腕《うで》を引《ひ》っぱるようにして、須磨海岸《すまかいがん》の方《ほう》へと連《つ》れだした。

「このまま久光《ひさみつ》さまのところに行《い》ったら、その場《ば》で切腹《せっぷく》させられるぞ。ひどくお怒《いか》りだからな」

「なんだって。わしが何《なに》をしたというのだ」

「そなた、なぜ勝手《かって》に下関《しものせき》を発《た》った」

「それは、京《きょう》や大坂《おおさか》が危険《きけん》だと思《おも》って」

「理由《りゆう》はどうあれ、それは殿《との》の命令《めいれい》に背《そむ》いたことになる」

「それは、そうだが……」

久光《ひさみつ》の心《こころ》の中《なか》にはおそらく、「西郷《さいごう》は内心《ないしん》、自分《じぶん》をばかにしている」との思《おも》いがある。吉之助《きちのすけ》の行動《こうどう》を、悪《わる》い方《ほう》へ、悪《わる》い方《ほう》へと読《よ》みとって、不愉快《ふゆかい》に思《おも》うことも、あるかもしれない。

「おまけに、下関《しものせき》でも京《きょう》や大坂《おおさか》でも、そなた、かなりはげしく、大勢《おおぜい》の者《もの》とやりあったであろう」

「何《なに》がなんでもみなを止《と》めようとしただけなのだが」

いきりたつ者《もの》を止《と》めようと、ときに、しかりつけたりおどしたりしたのは、たしかだ。しかし、そうでもしなければ、おさえられない空気《くうき》があったのだが……。

「どうやら、そなたが目立《めだ》ちすぎたようだ。〝西郷《さいごう》がみなをあおりたてていた〟ともっぱらのうわさになっている。殿《との》はこのことにもたいそうお怒《いか》りだ」

「そうなのか……？」

あきらかに誤解《ごかい》だ。とはいえ、はげしい議論《ぎろん》の場《ば》で、だれが何《なに》を言《い》っていたかなど、あとからどうやって証明《しょうめい》することができるだろう。

「もちろん、切腹《せっぷく》を覚悟《かくご》で、殿《との》に申《もう》し開《ひら》きをしようというなら、自分《じぶん》もいっしょに行《い》って、いっしょに死《し》を賜《たまわ》ろう。そなたを死《し》なせて、自分《じぶん》だけ生《い》きようとは思《おも》わないよ」

「一蔵《いちぞう》……」

――ここは、引《ひ》くしかないか。

一蔵《いちぞう》を死《し》なせるわけにはいかない。

人《ひと》の気持《きも》ちは難《むずか》しい。正《ただ》しいことを主張《しゅちょう》しようとしても、受《う》けいれられないときがあるのは、悲《かな》しいけれど、しかたない。

――何《なに》かが、自分《じぶん》に足《た》りなかった、ということなのだろう。

「わかった。そなたの言《い》うとおりにする」

一蔵《いちぞう》のはからいで切腹《せっぷく》をまぬがれた吉之助《きちのすけ》は、その後《ご》、船《ふね》で薩摩《さつま》へ強制送還《きょうせいそうかん》され、山川《やまかわ》港《こう》で久光《ひさみつ》からの処分《しょぶん》を待《ま》つように告《つ》げられた。

「島送《しまおく》りとする。どの島《しま》へ行《い》くことになるかは、あらためてつたえる。命《いのち》があっただけでも、ありがたいと思《おも》え」

つたえられた処分《しょぶん》は、ふたたびの、島送《しまおく》りだった。

——島送《しまおく》り。

吉之助《きちのすけ》は愛加那《あいかな》との楽《たの》しかった日々《ひび》を思《おも》いだした。しかし、幕府《ばくふ》の目《め》をごまかすためだった前回《ぜんかい》とはちがい、今度《こんど》のは本当《ほんとう》の罪人《ざいにん》としての処罰《しょばつ》だ。

——どうか、奄美大島《あまみおおしま》でないように。

吉之助《きちのすけ》は祈《いの》った。

妻《つま》や子《こ》に会《あ》えるものなら会《あ》いたい。しかし、それ以上《いじょう》に、今《いま》の自分《じぶん》の姿《すがた》を見《み》られたくなかった。罪人《ざいにん》の妻《つま》や子《こ》だという思《おも》いもさせたくない。もうすぐ二人目《ふたりめ》の子《こ》を産《う》むはずの愛《あい》加那《かな》に心配《しんぱい》をかけたくない。

吉之助《きちのすけ》は、自分《じぶん》をのせる船《ふね》が出発《しゅっぱつ》する日《ひ》を待《ま》ちながら、すきやくわなど、農業《のうぎょう》のための道具《どうぐ》を用意《ようい》してくれるよう、見張《みは》りの役人《やくにん》にたのんだ。

「こんなもの、どうするのですか」

「島《しま》ではどういうくらしになるかわからぬ。せめて、自力《じりき》で農作業《のうさぎょう》ができるようにと思《おも》って」

六月《がつ》十一日《にち》、ついに船《ふね》が出発《しゅっぱつ》した。相変《あいか》わらず、どこへ連《つ》れていかれるのかわからない。

──まさか、じつは切腹《せっぷく》させられる、ということは。ないとは言《い》いきれない。

吉之助《きちのすけ》は覚悟《かくご》して、奄美大島《あまみおおしま》で世話《せわ》になった島《しま》の有力者《ゆうりょくしゃ》たちにあてて、愛加那《あいかな》と子《こ》どもたちのことをくれぐれもたのむと、手紙《てがみ》を書《か》いた。

「あれは、奄美大島《あまみおおしま》……」

出発《しゅっぱつ》して十九日後《にちご》、船《ふね》が奄美大島《あまみおおしま》に近《ちか》づいた。しかしそれは、港《みなと》に立《た》ちよっただけで、降《お》りるところではなかったようで、翌朝《よくあさ》、船《ふね》はふたたび海《うみ》へ出《で》た。

結局《けっきょく》、吉之助《きちのすけ》は、奄美大島《あまみおおしま》のさらに南西《なんせい》にある、徳之島《とくのしま》で下《お》ろされた。

「おまえさまかね、二度《ど》も島流《しまなが》しになってここへ来《き》たという人《ひと》は」

吉之助《きちのすけ》を見《み》て、ずけずけと物《もの》を言《い》ってくる老婆《ろうば》がいた。

「たいがいの者《もの》は一度《いちど》で懲《こ》りるものだ。よほど横着者《おうちゃくもの》なんだね」

——まいったな。

苦笑《にがわら》いしか出《で》ない。

しかし、農業《のうぎょう》の道具《どうぐ》まで持《も》ってきた吉之助《きちのすけ》のまじめな態度《たいど》は、ほどなく島《しま》の人《ひと》たちに受《う》けいれられた。伝手《つて》をたのんで、奄美大島《あまみおおしま》の知人《ちじん》に手紙《てがみ》を書《か》くことも許《ゆる》された。

「女《おんな》の子《こ》……」

七月《がつ》の末《すえ》、吉之助《きちのすけ》は手紙《てがみ》で、愛加那《あいかな》が女《おんな》の子《こ》を産《う》んだことを知《し》った。

「菊草《きくそう》と名《な》づけてほしい」

返事《へんじ》にはそう書《か》いた。一男《なん》一女《じょ》、健《すこ》やかに育《そだ》ってもらいたい。

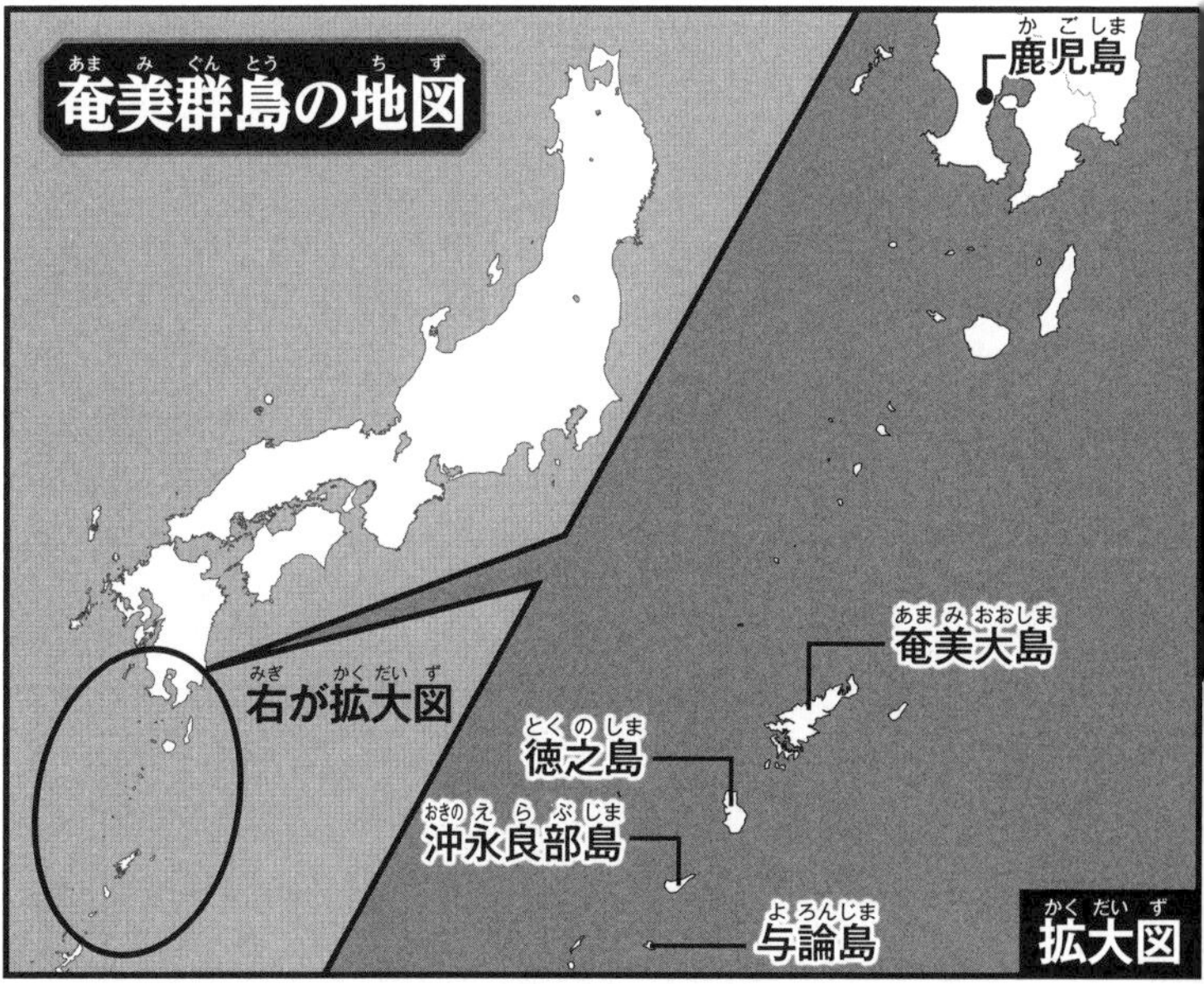

ところが、久光《ひさみつ》は、徳之島《とくのしま》では足《た》りないと思《おも》ったのか、沖永良部島《おきのえらぶじま》へうつるよう、処罰《しょばつ》の変更《へんこう》を連絡《れんらく》してきた。薩摩《さつま》の島送《しまおく》りの中《なか》では、もっとも遠《とお》い、もっとも重《おも》い刑罰《けいばつ》である。

八月二十六日《がつにち》、事情《じじょう》を知《し》らされた妻《つま》と子《こ》が、奄美大島《あまみおおしま》からかけつけてきた。

「愛加那《あいかな》。菊次郎《きくじろう》、菊草《きくそう》」

「だんなさま」

吉之助《きちのすけ》は、久《ひさ》しぶりに妻《つま》と子《こ》とともにすごした。

しかし、それは、たった一夜《や》だけ許《ゆる》された再会《さいかい》で、翌日《よくじつ》には別《わか》れなければならなかった。

翌月《よくげつ》の十四日《か》、吉之助《きちのすけ》は沖永良部島《おきのえらぶじま》へとうつされた。

吉之助《きちのすけ》を運《はこ》ぶ船《ふね》には、四方《しほう》を囲《かこ》った牢《ろう》があった。久光《ひさみつ》からの書状《しょじょう》には、つぎのような一《いち》文《ぶん》もつけくわえられていたのだ。

「徳之島《とくのしま》を出《で》たら、罪人《ざいにん》として、常《つね》に牢《ろう》に入《はい》ってすごすこと」

うつされた沖永良部島《おきのえらぶじま》の牢《ろう》は、畳《たたみ》四畳《じょう》ほどの広《ひろ》さで、戸《と》も障子《しょうじ》もない、家畜小屋《かちくごや》よりひどい建物《たてもの》だった。用《よう》を足《た》すのもこの中《なか》でしなければならず、おそってくる虫《むし》の大群《たいぐん》を避《さ》ける手段《しゅだん》もない。嵐《あらし》が来《く》れば、容赦《ようしゃ》なく雨《あめ》も風《かぜ》も吹《ふ》きつける。

――どこまで、心穏《こころおだ》やかにいられるか。これは修行《しゅぎょう》だ。

吉之助《きちのすけ》は、姿勢《しせい》を正《ただ》してじっと座《すわ》って、読書《どくしょ》や思索《しさく》（物事《ものごと》を冷静《れいせい》に、かつ深《ふか》く考《かんが》えること）にふける日々《ひび》を続《つづ》けた。書物《しょもつ》の持《も》ちこみが禁《きん》じられていないのが、唯一《ゆいいつ》の救《すく》いだった。

「毎日毎日《まいにちまいにち》、何《なに》を読《よ》んでいるのですか」

ひどいくらしの中《なか》でも、落《お》ち着《つ》いている吉之助《きちのすけ》の様子《ようす》を見《み》て、牢《ろう》の番人《ばんにん》をしている者《もの》が話《はな》しかけてきた。三度三度《どど》、食事《しょくじ》を運《はこ》んでくれる者《もの》だ。

「歴史《れきし》や哲学《てつがく》……なんでも読《よ》みます」

「面白《おもしろ》いですか」

「ええ。世《よ》の中《なか》にはいろんな人《ひと》がいて、どの人《ひと》にも必《かなら》ず、生《い》きる意味《いみ》がある。そんなことがわかります」

「どんな人間《にんげん》でもですか」

「そうですよ。人《ひと》は、一人《ひとり》で生《い》きているのではありません。たがいに敬《うやま》わなくては。そうだ、漢《かん》（古代《こだい》の中国《ちゅうごく》にあった王朝《おうちょう》）の頃《ころ》の話《はなし》にこんなのがあります……」

本《ほん》で読《よ》んだり、考《かんが》えたりしたことを、できるだけわかりやすいことばで、吉之助《きちのすけ》は牢番《ろうばん》に語《かた》って聞《き》かせた。

「わかりやすくて、面白《おもしろ》いです。またぜひ教《おし》えてください」

「いいですよ。いつでも言《い》ってください」

そのうち、牢《ろう》のまわりに他《ほか》の者《もの》も訪《おとず》れてきて、吉之助《きちのすけ》の話《はなし》を聞《き》いていくようになった。

沖永良部島《おきのえらぶじま》はもともと、争《あらそ》いごとの少《すく》ない島《しま》で、人々《ひとびと》は財産《ざいさん》や武力《ぶりょく》よりも、知識《ちしき》や教養《きょうよう》を競《きそ》いあうような風土《ふうど》を持《も》っていた。そのため、人々《ひとびと》が吉之助《きちのすけ》に興味《きょうみ》を持《も》ち、次第《しだい》に尊敬《そんけい》を深《ふか》めていくことになったのだった。

しばらくすると、牢番《ろうばん》がつたえてきた。

「ちゃんとした屋根《やね》のある牢屋《ろうや》をつくりました。そちらへうつってください。それから、よかったら、島《しま》の者《もの》にためになる話《はなし》を、わかりやすくしてやってください」

「かたじけない」

わざわざ藩《はん》に許可《きょか》を取《と》って、島《しま》の人々《ひとびと》が座敷牢《ざしきろう》をつくってくれたのだった。

吉之助《きちのすけ》は島《しま》の人《ひと》に感謝《かんしゃ》し、多《おお》くの人《ひと》たちと交流《こうりゅう》を持《も》った。

「本当《ほんとう》によいくらしをするためには、自分《じぶん》をたいせつにしなければなりません。では、ど

うすれば、自分《じぶん》をたいせつにできるのか。それには、自分《じぶん》を生《い》かしてくれている世界《せかい》、つまり、自然《しぜん》や、ともに生《い》きている人々《ひとびと》を敬愛《けいあい》すること。そうすれば、世界《せかい》の方《ほう》が自分《じぶん》を受《う》けいれてくれます。これが敬天愛人《けいてんあいじん》ということです。自分《じぶん》だけを大事《だいじ》にするのとはちがいます」

「敬天愛人《けいてんあいじん》か……」

「そんなふうに、考《かんが》えたことはなかったなぁ」

このころ、島《しま》で吉之助《きちのすけ》から影響《えいきょう》を受《う》けた者《もの》が数多《かずおお》く、その中《なか》には、後《のち》に島《しま》の指導者《しどうしゃ》の地《ち》位《い》に立《た》った者《もの》がいく人《にん》も出《で》た。

――このまま、自分《じぶん》はここで終《お》わるのかもしれない。

ふとよぎるそんな思《おも》いを振《ふ》りはらうように、吉之助《きちのすけ》は己《おのれ》をみがく日々《ひび》を送《おく》り続《つづ》けた。

西郷《さいごう》の教《おし》え『南洲翁遺訓《なんしゅうおういくん》』について

西郷《さいごう》は多《おお》くの人《ひと》に「先生《せんせい》」と慕《した》われましたが、自分《じぶん》の考《かんが》えなどを書物《しょもつ》にまとめたりはしませんでした。そんな西郷《さいごう》の考《かんが》え方《かた》を知《し》るのに、とても参考《さんこう》になるのが『南洲翁遺訓《なんしゅうおういくん》』という本《ほん》です。

この本《ほん》は、もと庄内藩士《しょうないはんし》で、庄内藩《しょうないはん》の降伏《こうふく》に立《た》ち会《あ》っていた、菅実秀《すがさねひで》という人《ひと》が中心《ちゅうしん》となって、西郷《さいごう》が生前《せいぜん》に人々《ひとびと》に話《はな》していたことをまとめたものです。

この本《ほん》ができるのには、戊辰戦争《ぼしんせんそう》で負《ま》けた庄内藩《しょうないはん》の人々《ひとびと》が深《ふか》くかかわっています。

庄内藩《しょうないはん》は、薩摩藩邸《さつまはんてい》焼《や》き討《う》ちなどで、薩摩《さつま》と正面《しょうめん》から対立《たいりつ》したこともあって、戊辰戦争《ぼしんせんそう》で降伏《こうふく》するときには、「きっとひどい処分《しょぶん》を受《う》けるにちがいない」と覚悟《かくご》をしていました。処分《しょぶん》をつたえに来《き》たのが、薩摩藩士《さつまはんし》の黒田清隆《くろだきよたか》だったので、いっそうおそれていたといいます。

ところが実際《じっさい》には、藩主《はんしゅ》の命《いのち》も助《たす》けられ、藩《はん》も解体《かいたい》されずに残《のこ》るなど、会津藩《あいづはん》などとくらべるととても軽《かる》い処分《しょぶん》ですみました。のちにそれが西郷《さいごう》の指図《さしず》だとわかり、庄内藩《しょうないはん》にかかわった人々《ひとびと》は西郷《さいごう》の人柄《ひとがら》に感激《かんげき》し、藩内《はんない》の学生《がくせい》を鹿児島《かごしま》に国内留学《こくないりゅうがく》させるようになったということです。

「遺訓《いくん》」は、そうした交流《こうりゅう》の末《すえ》に生《う》まれた書物《しょもつ》でした。

三、ふたたび、表《おもて》舞《ぶ》台《たい》へ

薩摩《さつま》の危機《きき》〜寺田屋事件《てらだやじけん》、生麦事件《なまむぎじけん》

一方《いっぽう》、吉之助《きちのすけ》を流罪《るざい》にした久光《ひさみつ》は、倒幕《とうばく》を目指《めざ》す過激《かげき》な考《かんが》えを持《も》つ藩士《はんし》が、京《きょう》の寺田屋《てらだや》という旅館《りょかん》に集《あつ》まっていることを知《し》ると、剣《けん》の腕《うで》のある者《もの》を密《ひそ》かに派遣《はけん》し、勝手《かって》に集《あつ》まるのをやめて、薩摩藩邸《さつまはんてい》に出頭《しゅっとう》するよう、説得《せっとく》させた。

「言《い》うことを聞《き》かないようなら、斬《き》り殺《ころ》してもよい」――そう命令《めいれい》されていた家来《けらい》たちは、結局集《けっきょくあつ》まっていた者《もの》たちをみな斬《き》り殺《ころ》してしまった。この出来事《できごと》は、のちに、「寺田屋事件《てらだやじけん》」とよばれた。

こうして家来《けらい》たちをおさえつけた久光《ひさみつ》は、朝廷《ちょうてい》の信頼《しんらい》を得《え》ることに成功《せいこう》し、勅使《ちょくし》（天皇《てんのう》の使《つか》い）となった大原重徳《おおはらしげとみ》を警固《けいご》して、江戸《えど》へむかった。

「一橋慶喜《ひとつばしよしのぶ》を将軍後見職《しょうぐんこうけんしょく》、松平慶永《まつだいらよしなが》を政事総裁職《せいじそうさいしょく》として、朝廷《ちょうてい》とよく連絡《れんらく》を取《と》りあって政治《せいじ》をするように」

大原《おおはら》は幕府《ばくふ》にそうつたえた。

将軍後見職《しょうぐんこうけんしょく》も、政事総裁職《せいじそうさいしょく》も、これまでの幕府《ばくふ》にはない、新《あたら》しい役職《やくしょく》だった。

「そんなことをしたら、幕府《ばくふ》のあり方《かた》がずいぶん変《か》わってしまうぞ」

「慶喜《よしのぶ》さまに慶永《よしなが》さま……今《いま》の将軍《しょうぐん》さまとは対立《たいりつ》していた人《ひと》たちばかりだ。どうなっていくんだろう」

幕府《ばくふ》の重役《じゅうやく》たちはそう言《い》って、しきりに不安《ふあん》がったが、朝廷《ちょうてい》の意見《いけん》は無視《むし》できない状況《じょうきょう》になっていた。

このとき、久光《ひさみつ》が大原《おおはら》を通《とお》して行《おこな》わせた幕府《ばくふ》の人事《じんじ》は、「文久《ぶんきゅう》の改革《かいかく》」とよばれる大《おお》きな変化《へんか》を世《よ》の中《なか》にもたらすことになった。

重要《じゅうよう》な役目《やくめ》を果《は》たし、存在感《そんざいかん》をしめした久光《ひさみつ》だったが、江戸《えど》から薩摩《さつま》へ帰《かえ》ろうとする途中《とちゅう》で、大事件《だいじけん》が起《お》きてしまう。

文久《ぶんきゅう》二年《ねん》（1862年《ねん》）八月《がつ》二十一日《にち》、武蔵国《むさしのくに》生麦村《なまむぎむら》（現在《げんざい》の横浜市鶴見区《よこはましつるみく》）――。

「おい、馬《うま》にのった異人《いじん》が来《く》るぞ」

「ばかな。殿《との》のご行列《ぎょうれつ》だぞ。おい、馬《うま》からおりろ！」

「馬《うま》にのったままのりいれてくるとは。愚《おろ》か者《もの》にもほどがある。おりないか！」

大名《だいみょう》の行列《ぎょうれつ》が通行《つうこう》するときには、みな道《みち》を空《あ》けるのが決《き》まりである。もちろん、馬《うま》にのっている者《もの》は、おりて見送《みおく》るのが当《あ》たり前《まえ》だった。

久光《ひさみつ》は藩主《はんしゅ》ではないが、藩主《はんしゅ》の父《ちち》であり、後見《こうけん》として実権《じっけん》をにぎる立場《たちば》だから、同《おな》じようなものだ。

「かまわぬ。相手《あいて》が異人《いじん》であろうと、礼儀《れいぎ》をわきまえぬ者《もの》は斬《き》って捨《す》てよ！」

「おお！」

馬《うま》にのっていたのは、イギリス人《じん》四人《にん》だった。久光《ひさみつ》の家来《けらい》は、そのうちの一人《ひとり》を殺《ころ》し、二人《ふたり》に重傷《じゅうしょう》を負《お》わせてしまった。

この出来事《できごと》により、幕府《ばくふ》と薩摩藩《さつまはん》は、イギリスから犯人《はんにん》の逮捕《たいほ》と賠償金《ばいしょうきん》とを要求《ようきゅう》されることになってしまった。幕府《ばくふ》はこの要求《ようきゅう》に応《おう》じることにしたが、薩摩藩《さつまはん》は拒否《きょひ》した。

異国人《いこくじん》であろうと、国内《こくない》の法《ほう》や常識《じょうしき》には従《したが》うべきだ、というのが久光《ひさみつ》の主張《しゅちょう》だった。また、このころ、異常《いじょう》な物価《ぶっか》の上昇《じょうしょう》に苦《くる》しむ庶民《しょみん》たちの中《なか》には、それを異人《いじん》のせいと考《かんが》える者《もの》も多《おお》く、薩摩《さつま》と久光《ひさみつ》をもてはやすような声《こえ》もあったので、「ここで賠償金《ばいしょうきん》を払《はら》ったりしたら、弱腰《よわごし》だと批判《ひはん》を受《う》けるだろう」という思《おも》いも、久光《ひさみつ》や家来《けらい》たちにはあった。

ところが、翌年《よくとし》、文久三年《ぶんきゅうねん》（1863年《ねん》）六月二十八日《がつにち》——。

「たいへんです。鹿児島湾《かごしまわん》にイギリスの軍艦《ぐんかん》が七隻《せき》、侵入《しんにゅう》してきました」

「わが藩《はん》の蒸気船《じょうきせん》が三隻《せき》、うばわれました」

久光《ひさみつ》のところに、続々《ぞくぞく》と、蒸気船《じょうきせん》にのっていた藩士《はんし》たちが、イギリス軍《ぐん》に殺《ころ》されたり、捕《つか》まったりしているという知《し》らせがとどいた。

「反撃《はんげき》せよ。目《め》にもの見《み》せてやれ」

「は！」

このとき、一蔵《いちぞう》はかねて建設《けんせつ》されていた天保山《てんぽざん》の砲台《ほうだい》で指揮《しき》をとることになった。

「みな、落《お》ちつけ。訓練《くんれん》でやったとおりにすれば、必《かなら》ず命中《めいちゅう》する。あせらず、よく狙《ねら》いを定《さだ》めよ」

これからの戦《たたか》い、とくに西欧《せいおう》との戦《たたか》いになれば、刀《かたな》や槍《やり》はもちろん、鉄砲《てっぽう》でさえ、従来《じゅうらい》の小型《こがた》のものでは話《はなし》にならない。吉之助《きちのすけ》とともに、斉彬《なりあきら》の影響《えいきょう》を強《つよ》く受《う》けていた一蔵《いちぞう》は、こうした機会《きかい》にそなえて、大砲《たいほう》を使《つか》った戦術《せんじゅつ》についても学《まな》び、兵《へい》の訓練《くんれん》にもあたっていた。

「よし。命中《めいちゅう》したぞ。手《て》を緩《ゆる》めるな」

日《ひ》ごろの訓練《くんれん》の成果《せいか》で、天保山《てんぽざん》からの砲撃《ほうげき》はイギリスの軍艦《ぐんかん》にかなりの被害《ひがい》を与《あた》えることに成功《せいこう》した。

イギリスはこれにおどろいて、いったん退却《たいきゃく》することにしたが、その際《さい》、捕《つか》まえてあった薩摩《さつま》の船《ふね》をすべて、焼《や》き払《はら》っていった。

イギリス艦隊《かんたい》は、軍艦《ぐんかん》一隻《せき》が大破《たいは》して使《つか》い物《もの》にならなくなった他《ほか》、六十三人《にん》の死傷者《ししょうしゃ》を出《だ》した。

一方《いっぽう》の薩摩《さつま》は、死傷者《ししょうしゃ》はイギリスほど多《おお》くはなかったものの、海沿《うみぞ》いの軍事施設《ぐんじしせつ》だけでなく、鹿児島城《かごしまじょう》の櫓《やぐら》をはじめ、武家屋敷《ぶけやしき》、寺社《じしゃ》、民家《みんか》など、多《おお》くを焼失《しょうしつ》した上《うえ》に、結局《けっきょく》イギリスに二万五千《まんせん》ポンド（約《やく》六万両《まんりょう》）もの賠償金《ばいしょうきん》を支払《しはら》うことになってしまった。

「殿《との》。賠償金《ばいしょうきん》の支払《しはら》いは大損害《だいそんがい》ですが、ただ、これで、幕府《ばくふ》を通《とお》さず、イギリスと独自《どくじ》に交渉《こうしょう》ごとができるようになりました。これを機会《きかい》に、やはり西郷《さいごう》をよびもどしましょう。重大《じゅうだい》な物事《ものごと》を判断《はんだん》するのに、西郷《さいごう》の力《ちから》が必要《ひつよう》です」

「京《きょう》の状況《じょうきょう》も油断《ゆだん》できません。長州藩《ちょうしゅうはん》の発言力《はつげんりょく》を小《ち》さくすることはできましたが、きっとこのままではすまないでしょう。今《いま》のわが藩《はん》には、一人《ひとり》でも人材《じんざい》は惜《お》しい。……ぜひ、西郷《さいごう》を」

一蔵《いちぞう》や小松帯刀《こまつたてわき》などは、口々《くちぐち》に久光《ひさみつ》を説得《せっとく》した。

「うむ……やむをえまい」

元治元年《げんじがんねん》（1864年《ねん》）二月《がつ》。

吉之助《きちのすけ》はついに許《ゆる》され、島《しま》をはなれて薩摩本国《さつまほんごく》に入《はい》った。まずむかったのは、今《いま》は亡《な》き斉彬《なりあきら》の墓《はか》だった。

「殿《との》。牢《ろう》ぐらしで、脚《あし》はずいぶん弱《よわ》ってしまいましたが、それでも、こうしてなんとか、お墓《はか》の前《まえ》に来《こ》られました。……わしがまだ生《い》きているということは、殿《との》がまた、わしにはたらけと仰《おお》せだと、思《おも》ってよいでしょうか」

しっかりやってくれ。そう、斉彬《なりあきら》の声《こえ》が聞《き》こえた気《き》がした。

京《きょう》へ

朝廷《ちょうてい》の中心《ちゅうしん》である帝《みかど》は、異国人《いこくじん》をきらい、またおそれていたので、攘夷《じょうい》（異国人《いこくじん》を追《お》い払《はら》うこと）を強《つよ》く願《ねが》っていた。ただ、帝《みかど》は、幕府《ばくふ》がなくなった方《ほう》がよいなどとは思《おも》っておらず、攘夷《じょうい》が幕府《ばくふ》によって行《おこな》われることが理想《りそう》と考《かんが》えていた。

そのため帝《みかど》は、「自分《じぶん》たちで攘夷《じょうい》を行《おこな》う」と主張《しゅちょう》して、幕府《ばくふ》より優位《ゆうい》に立《た》とうとする長《ちょう》州藩《しゅうはん》のことをうとましく思《おも》うようになっていた。そこで薩摩藩《さつまはん》は、幕府《ばくふ》から京《きょう》を守《まも》るよう命令《めいれい》を受《う》けている会津藩《あいづはん》と手《て》を組《く》んで、長州藩《ちょうしゅうはん》や長州《ちょうしゅう》に影響《えいきょう》される公家《くげ》たちを、京《きょう》から追《お》いだしてしまった。

ただ、追放処分《ついほうしょぶん》を受《う》けた長州藩《ちょうしゅうはん》が、そのままおとなしくしているはずもない。いつ京《きょう》へのりこんでくるかもしれないというので、会津藩《あいづはん》の藩主《はんしゅ》で、京都守護職《きょうとしゅごしょく》の立場《たちば》にある松平《まつだいら》容保《かたもり》などは、強《つよ》く警戒《けいかい》していた。

元治元年《げんじがんねん》（１８６４年《ねん》）三月《がつ》、吉之助《きちのすけ》は軍賦役《ぐんぷやく》という、薩摩《さつま》の兵全体《へいぜんたい》を指揮《しき》する役目《やくめ》を任《まか》されて、京《きょう》にいた。

七月《がつ》十九日《にち》――。

「長州軍《ちょうしゅうぐん》が来《き》たぞ！」

「やはり武力《ぶりょく》でのりこんできたか。なんとしても御所《ごしょ》を守《まも》れ！　ただし、逃《に》げる者《もの》については、深追《ふかお》いするな」

吉之助《きちのすけ》は、薩摩《さつま》の兵《へい》たちにそう指示《しじ》した。

「なぜですか？」

「戦《たたか》いを必要以上《ひつよういじょう》に広《ひろ》げる必要《ひつよう》はない。こちらの被害《ひがい》を小《ちい》さくするんだ」

この日御所《ひごしょ》の近辺《きんぺん》で起《お》きた、長州軍《ちょうしゅうぐん》と薩摩《さつま》、会津《あいづ》などの連合軍《れんごうぐん》との衝突《しょうとつ》は、のちに禁門《きんもん》の変《へん》（蛤御門《はまぐりごもん》の変《へん》とも）とよばれた。

長州《ちょうしゅう》はこのとき御所《ごしょ》にむかって武力《ぶりょく》を用《もち》いたので、以後《いご》「朝敵《ちょうてき》（朝廷《ちょうてい》に逆《さか》らった賊《ぞく》、むほん人《にん》）」とされることになった。

幕府《ばくふ》は、朝廷《ちょうてい》の命令《めいれい》を受《う》けて、長州《ちょうしゅう》に討伐軍《とうばつぐん》を出《だ》すことになった。吉之助《きちのすけ》は、幕府《ばくふ》の重《じゅう》役《やく》たちと、何度《なんど》も討伐軍《とうばつぐん》の方針《ほうしん》について話《はな》しあったが、失望《しつぼう》させられることの方《ほう》が多《おお》かった。

——みな視野《しや》が狭《せま》くて、勝手《かって》なことを言《い》う人《ひと》ばかりだ。

吉之助《きちのすけ》は、もう幕府《ばくふ》には、物事《ものごと》を解決《かいけつ》する力《ちから》がないのではないかと思《おも》いはじめていた。

——わしがもうちょっと、身分《みぶん》が高《たか》かったら。

そうしたら、もっと早《はや》く、大勢《おおぜい》の人《ひと》を動《うご》かすことができるのに。身分《みぶん》にとらわれず、能《のう》力《りょく》のある者《もの》が活躍《かつやく》できるような世《よ》の中《なか》というのは、来《こ》ないのだろうか。

そんなことを考《かんが》えながら、吉之助《きちのすけ》は、ある旅館《りょかん》の前《まえ》に立《た》った。軍艦奉行《ぐんかんぶぎょう》の勝海舟《かつかいしゅう》という人《ひと》に会《あ》うためである。

——勝《かつ》さんは、どうだろう。龍馬《りょうま》の言《い》うことは、本当《ほんとう》だろうか。

この人《ひと》については、坂本龍馬《さかもとりょうま》が、「幕府《ばくふ》の人《ひと》だがたいへんもののわかった人《ひと》だ」と手放《てばな》しでほめていた。たいへん尊敬《そんけい》しているようだ。

龍馬《りょうま》はもとは土佐藩士《とさはんし》だが、脱藩《だっぱん》して浪人《ろうにん》となり、その後《ご》、勝《かつ》の弟子《でし》として、その主宰《しゅさい》

坂本龍馬《さかもとりょうま》
勝海舟《かつかいしゅう》

する「神戸海軍塾《こうべかいぐんじゅく》」という、海軍《かいぐん》の技術《ぎじゅつ》を身《み》につける塾《じゅく》に所属《しょぞく》している。若《わか》いときから江戸《えど》でいろんな人《ひと》の道場《どうじょう》や塾《じゅく》に入《はい》って、剣術《けんじゅつ》や砲術《ほうじゅつ》を学《まな》んできたといい、交際範囲《こうさいはんい》の広《ひろ》い人物《じんぶつ》だった。

旅館《りょかん》へ入《はい》って用件《ようけん》を言《い》うと、すぐに部屋《へや》へ通《とお》された。

「やあ、よく来《き》たな、西郷《さいごう》。まあ、楽《らく》にしなさい」

「失礼《しつれい》します」

――ずいぶんざっくばらんな人《ひと》だな。

「西郷《さいごう》。君《きみ》は正直《しょうじき》なところ、幕府《ばくふ》をどう思《おも》っている」

――正直《しょうじき》に言《い》って、いいのだろうか。

迷《まよ》っていると、勝《かつ》はにやりと笑《わら》った。

「言《い》いにくそうだね。じゃあ、私《わたし》から言《い》おう。もう、幕府《ばくふ》には問題《もんだい》を解決《かいけつ》する能力《のうりょく》がない。君《きみ》もそう思《おも》っているんだろう？」

「勝《かつ》さんは幕臣《ばくしん》でしょう。そんなことを言《い》っていいんですか」

「幕臣《ばくしん》だからこそ、わかるんだ。将来《しょうらい》のことを考《かんが》えたら、今国内《いまこくない》で争《あらそ》っている場合《ばあい》ではないと思《おも》うんだがね。まずは、有力《ゆうりょく》な諸藩《しょはん》には京《きょう》できちんと意見《いけん》をまとめてもらう。その上《うえ》で、有能《ゆうのう》な者《もの》には身分《みぶん》の上下《じょうげ》に関係《かんけい》なく、はたらいてもらうべきだ」

――この人《ひと》、わしと同《おな》じことを……。

「では、思《おも》いきって言《い》いますが。わが薩摩《さつま》をはじめ、土佐《とさ》や越前《えちぜん》など、すぐれた人材《じんざい》のいそうな雄藩《ゆうはん》（政治《せいじ》や経済《けいざい》の面《めん》において実力《じつりょく》のある藩《はん》）はいくつかあります。ただ、ひとつの藩《はん》だけで何《なに》か、というのは」

「たしかに。どうだろう。それらを結集《けっしゅう》するようなよい知恵《ちえ》はないものかな」

「そうですね……なんとか考《かんが》えてみましょう。ただ、そうすると、今回《こんかい》の討伐《とうばつ》は、私《わたし》は、長州《ちょうしゅう》はつぶして、有力《ゆうりょく》な藩《はん》で分割《ぶんかつ》して治《おさ》めたらいいと思《おも》ったのですが」

そう言《い》うと、勝《かつ》は首《くび》を横《よこ》に振《ふ》った。

「それは得策《とくさく》じゃないな。長州《ちょうしゅう》にも人材《じんざい》は多《おお》い。むやみに敵《てき》にまわさずに、取《と》りこむようなことはできないか。それが一番《いちばん》の勝利《しょうり》だろう」

敵《てき》にまわさず、取《と》りこむ……なるほど。

「わかりました。やってみましょう」

「いや、君《きみ》は、坂本《さかもと》の言《い》ったとおりだね。やつは君《きみ》を〝鐘《かね》のような人《ひと》です。小《ちい》さく打《う》てば小《ちい》さく響《ひび》き、大《おお》きく打《う》てば大《おお》きく響《ひび》く〟と言《い》っていたんだ」

「は？」

「今《いま》、君《きみ》は、最初《さいしょ》、私《わたし》の話《はなし》をとても慎重《しんちょう》に聞《き》いていた。しかし、途中《とちゅう》から、私《わたし》を信頼《しんらい》して、大《おお》きな話《はなし》をしてくれた。なるほど、と思《おも》ったのさ」

「いやあ」

思《おも》いがけずほめられて、吉之助《きちのすけ》は頭《あたま》をかいた。

「ついでに、もう一《ひと》つたのみがある。坂本《さかもと》は今《いま》、あちこちで目《め》をつけられていてね。薩摩《さつま》藩《はん》で身元《みもと》を引《ひ》き受《う》けてもらえないだろうか」

「わかりました。引《ひ》き受《う》けましょう」

勝《かつ》との対面《たいめん》からしばらくして、長州《ちょうしゅう》への討伐軍《とうばつぐん》の編成《へんせい》が発表《はっぴょう》された。

全軍《ぜんぐん》の指揮《しき》を執《と》るのは、元《もと》尾張藩主《おわりはんしゅ》の徳川慶勝《とくがわよしかつ》だ。

慶勝《よしかつ》は、立場《たちば》は幕府《ばくふ》に近《ちか》かったが、長州藩主《ちょうしゅうはんしゅ》の毛利敬親《もうりたかちか》らとも交流《こうりゅう》があり、はじめからあまり征討《せいとう》にのり気《き》ではないようだった。

——慎重《しんちょう》なお考《かんが》えの殿《との》さまらしいな。

話《はな》しあえそうだと思《おも》った吉之助《きちのすけ》は、思《おも》いきってたずねてみた。

「申《もう》しあげます。殿《との》は、この戦《たたか》い、どうしても長州《ちょうしゅう》をたたきつぶそうとお考《かんが》えでしょうか。そうではないようにお見受《みう》けしますが」

「西郷《さいごう》、よく察《さっ》してくれた。余《よ》はやはりこの戦《たたか》い、気《き》が進《すす》まぬ。今《いま》は、国内《こくない》で争《あらそ》っている場合《ばあい》ではない。何《なに》か考《かんが》えはないか」

「長州《ちょうしゅう》は、欧米《おうべい》と戦《たたか》って、ずいぶん力《ちから》を削《そ》がれているはずです。むこうだってあまり戦《たたか》いたくはないと思《おも》います」

長州《ちょうしゅう》は、文久三年《ぶんきゅうねん》（1863年《ねん》）の五月《がつ》に、下関《しものせき》でアメリカやフランスの船《ふね》を砲撃《ほうげき》したが、その後仕返《ごしかえ》しを受《う》けて、大《おお》きな被害《ひがい》を出《だ》している（馬関戦争《ばかんせんそう》）。イギリスと戦《たたか》った薩摩《さつま》と、少《すこ》し似《に》た事情《じじょう》を抱《かか》えていた。

「うむ。そのあたりで、話《はな》しあえぬだろうか」

「わしが交渉《こうしょう》に行《い》きましょう」

「しかし、長州《ちょうしゅう》には薩摩《さつま》をにくむ者《もの》が大勢《おおぜい》いるぞ。そなたが行《い》けば、殺《ころ》されるかもしれぬ」

禁門《きんもん》の変以来《へんいらい》、長州《ちょうしゅう》の者《もの》たちは会津《あいづ》と薩摩《さつま》をうらんで、下駄《げた》の裏《うら》に「薩賊会奸《さつぞくかいかん》（薩摩《さつま》は賊《ぞく》、会津《あいづ》は腹黒《はらぐろ》いという意味《いみ》）」と書《か》いて、踏《ふ》みつけて歩《ある》いているともいわれている。

「もし、むこうがわからず屋《や》ばかりで、こちらの言《い》うことに耳《みみ》をかさず、わしを殺《ころ》すようなら、長州《ちょうしゅう》に見《み》こみはありません。そうなったら、遠慮《えんりょ》なく長州《ちょうしゅう》を攻《せ》めてください」

「西郷《さいごう》。そなたの覚悟《かくご》、感《かん》じ入《い》った。交渉《こうしょう》は任《まか》せよう」

十一月《がつ》、征討軍本隊《せいとうぐんほんたい》に先《さき》だって、密《ひそ》かに西《にし》へむかった吉之助《きちのすけ》はまず、岩国藩《いわくにはん》の藩主《はんしゅ》、吉川経幹《きっかわつねもと》のもとを訪《たず》ねた。長州藩《ちょうしゅうはん》の毛利家《もうりけ》とは、親戚筋《しんせきすじ》にあたる。

「殿《との》さま。なんとか、わしが長州藩《ちょうしゅうはん》と交渉《こうしょう》できるよう、力《ちから》をかしてくれませんか」

「西郷《さいごう》。長州《ちょうしゅう》を京《きょう》から追《お》い出《だ》した薩摩藩《さつまはん》の者《もの》の言《い》うことなど、長州藩《ちょうしゅうはん》の者《もの》たちが信用《しんよう》すると思《おも》うか。そなたが行《い》けば、殺《ころ》されるぞ」

「殺《ころ》したければ殺《ころ》してください。その代《か》わり、わしを殺《ころ》せば、尾張《おわり》の指揮《しき》する征討軍《せいとうぐん》の全軍《ぜんぐん》が総攻撃《そうこうげき》をかけてきます。今《いま》の長州《ちょうしゅう》に、それをはねのける力《ちから》はないと思《おも》いますが」

吉川《きっかわ》の顔色《かおいろ》が変《か》わった。

――思《おも》ったとおりだ。

「ご重役《じゅうやく》がどなたか、このたびの責任者《せきにんしゃ》として処分《しょぶん》を受《う》ける覚悟《かくご》はあるでしょうか。それから、藩主《はんしゅ》の毛利敬親《もうりたかちか》さま、あとつぎの定広《さだひろ》さまには、降伏《こうふく》と謝罪《しゃざい》のための書状《しょじょう》を書《か》いていただくことになるでしょう。城《しろ》の取《と》り壊《こわ》しなどが命《めい》じられることも覚悟《かくご》しておいてください。長州藩《ちょうしゅうはん》がそうしたことを受《う》け入《い》れられそうなら、今《いま》ならまだ、交渉《こうしょう》する余地《よち》があります。どうですか。もし無理《むり》だというなら……もう長州《ちょうしゅう》に将来《しょうらい》はないと思《おも》ってください」

「うむ……わかった。なんとか、つたえてみよう」

吉之助《きちのすけ》の死《し》を覚悟《かくご》した交渉《こうしょう》が成功《せいこう》し、長州藩《ちょうしゅうはん》は戦《たたか》わずに降伏《こうふく》した。

「薩摩《さつま》の西郷《さいごう》」の評判《ひょうばん》は、あちこちで、ますます高《たか》くなった。

西郷《さいごう》どんコラム

長州《ちょうしゅう》と薩摩《さつま》……「外様雄藩《とざまゆうはん》」とは

西郷《さいごう》と大久保《おおくぼ》、それに長州藩出身《ちょうしゅうはんしゅっしん》の桂小五郎《かつらこごろう》（木戸孝允《きどたかよし》）を加《くわ》えた三人《にん》を、「維新《いしん》の三傑《けつ》」のようによぶことがあります。明治政府《めいじせいふ》の成立《せいりつ》に特《とく》に功績《こうせき》のあった三人《にん》という意味《いみ》です。

この三人以外《にんいがい》にも、幕末《ばくまつ》から明治《めいじ》にかけて活躍《かつやく》した人《ひと》の中《なか》には、薩摩藩《さつまはん》と長州藩《ちょうしゅうはん》の出身者《しゅっしんしゃ》が多《おお》くいました。

なぜ、この二《ふた》つの藩《はん》に多《おお》かったのでしょうか。それは、それぞれの藩《はん》の成《な》り立《た》ちや歴史背景《れきしはいけい》が大《おお》きくかかわっていると思《おも》われます。

鎌倉時代《かまくらじだい》からずっと南九州《みなみきゅうしゅう》を拠点《きょてん》にしてきた薩摩《さつま》の島津家《しまづけ》は、慶長《けいちょう》五年《ねん》（1600年《ねん》）の関《せき》ヶ原《はら》の戦《たたか》いでは、西軍《せいぐん》についていました。そのため、いったんは徳川家康《とくがわいえやす》から討伐《とうばつ》されそうになりましたが、のちに許《ゆる》され、江戸時代《えどじだい》の中頃《なかごろ》には八十六万石《まんごく》をこえる大名《だいみょう》となります。

ただ、江戸《えど》から遠《とお》く、参勤交代《さんきんこうたい》に多額《たがく》の費用《ひよう》がかかったことや、石高《こくだか》が大《おお》きいことを理由《りゆう》に、幕府《ばくふ》からたびたび大《おお》がかりな土木工事《どぼくこうじ》を命《めい》じられたことで財政難《ざいせいなん》に苦《くる》しみました。江戸時代《えどじだい》の後半《こうはん》、こうした財政難《ざいせいなん》をのりこえるため、藩内《はんない》の改革《かいかく》に加《くわ》え、地《ち》の利《り》を生《い》かした貿易《ぼうえき》や産業《さんぎょう》に取《と》り組《く》んだことで、藩内《はんない》は活気《かっき》づいたといわれています。

一方《いっぽう》、長州藩《ちょうしゅうはん》の毛利家《もうりけ》は、豊臣秀吉《とよとみひでよし》が天下人《てんかびと》であったころには、中国地方一帯《ちゅうごくちほういったい》、石高《こくだか》にすると百《ひゃく》十二万石《まんごく》を支配下《しはいか》に置《お》く大名《だいみょう》でした。関ヶ原《せきがはら》の戦《たたか》いで西軍《せいぐん》の総大将《そうだいしょう》の座《ざ》にあったことで、江戸《えど》幕府《ばくふ》の下《もと》では所領《しょりょう》を大《おお》きく減《へ》らされ、三十七万石《まんごく》足《た》らずとされました。

ただ、この石高《こくだか》は、幕府《ばくふ》から大《おお》がかりな工事《こうじ》を命《めい》じられないようにと、用心《ようじん》してかなり少《すく》なめにとりつくろったもので、実際《じっさい》には倍《ばい》くらいあったといわれます。また、江戸時代《えどじだい》の後半《こうはん》には、地《ち》の利《り》を生《い》かして、幕府《ばくふ》にはとどけず、内密《ないみつ》に貿易《ぼうえき》をするなど、力《ちから》をたくわえていたようです。

両藩《りょうはん》とも、幕府《ばくふ》に対《たい》して、どちらかというとうらみや反発《はんぱつ》を抱《かか》える歴史的事情《れきしてきじじょう》を持《も》っていたこと、江戸時代後半《えどじだいこうはん》から幕末《ばくまつ》にかけて、人々《ひとびと》が新《あたら》しいことに取《と》り組《く》む風土《ふうど》があったことが、この二藩《はん》の共通点《きょうつうてん》として、挙《あ》げられるでしょう。

なお、薩摩藩《さつまはん》が幕府《ばくふ》に命令《めいれい》されて請《う》け負《お》った土木工事《どぼくこうじ》のうち、宝暦《ほうれき》三年《ねん》（1753年《ねん》）に行《おこな》われた、中部地方《ちゅうぶちほう》を流《なが》れる木曽川《きそがわ》、長良川《ながらがわ》、揖斐川《いびがわ》の三つの川《かわ》の治水事業《ちすいじぎょう》は、宝暦治水《ほうれきちすい》とよばれ、特《とく》に大規模《だいきぼ》で過酷《かこく》なものでした。責任者《せきにんしゃ》であった家老《かろう》の平田靭負《ひらたゆきえ》は、藩《はん》に大《おお》きな損害《そんがい》を与《あた》えた責《せき》任《にん》を取《と》って、工事完了後《こうじかんりょうご》に自害《じがい》したとされます。

四、薩長同盟《さっちょうどうめい》と倒幕《とうばく》

龍馬《りょうま》と中岡《なかおか》

一部始終《いちぶしじゅう》を見《み》とどけた吉之助《きちのすけ》は、元治《げんじ》二年《ねん》（1865年《ねん》）一月《がつ》、薩摩藩士《さつまはんし》、岩山直温《いわやまなおあつ》の娘《むすめ》、イト（「糸《いと》」または「糸子《いとこ》」と表記《ひょうき》されることもある）と再婚《さいこん》することになった。愛《あい》加那《かな》は、島《しま》の女《おんな》なので、本国《ほんごく》では正式《せいしき》な妻《つま》とは認《みと》められなかった。

吉之助《きちのすけ》は三十九歳《さい》、糸《いと》は二十三歳《さい》。

イトは小柄《こがら》で、吉之助《きちのすけ》と並《なら》ぶと、肩《かた》ほどまでしかなかった。やさしくしっかりした女性《じょせい》で、愛加那《あいかな》のことも気《き》づかってくれた。

「もし、愛加那《あいかな》さんさえよければですが……。そのうち、菊次郎《きくじろう》と菊草《きくそう》は、こちらへ引《ひ》きとって、私《わたし》が面倒《めんどう》をみられればと思《おも》っています」

「そう言《い》ってくれると助《たす》かる。折《おり》を見《み》て、むこうへ話《はなし》をしよう」

ただ、以前《いぜん》とちがって、すでに薩摩藩《さつまはん》の重役《じゅうやく》の地位《ちい》に昇《のぼ》っていた吉之助《きちのすけ》には、糸《いと》とゆっくりすごしている時間《じかん》はほとんどなかった。

長州《ちょうしゅう》への処分《しょぶん》が不十分《ふじゅうぶん》だ、軽《かる》すぎるという意見《いけん》が幕府方《ばくふがた》で根強《ねづよ》く、「もう一度《いちど》討伐軍《とうばつぐん》を出《だ》そう」という動《うご》きが活発《かっぱつ》になってきたからだ。

――そんなのは、単《たん》なる幕府《ばくふ》の体面《たいめん》のためだけじゃないか。

「もう、幕府《ばくふ》には問題《もんだい》を解決《かいけつ》する能力《のうりょく》がない」という、勝《かつ》のことばがあらためて重《おも》みを持《も》って、吉之助《きちのすけ》の耳《みみ》によみがえった。

そんな吉之助《きちのすけ》に、勝《かつ》から身柄《みがら》をあずかっていた坂本龍馬《さかもとりょうま》が、ある壮大《そうだい》な提案《ていあん》をしていった。長州《ちょうしゅう》と手《て》を組《く》まないか、というのである。

「それしかないと思《おも》うぞ、西郷《さいごう》さん」

「長州《ちょうしゅう》と手《て》を……できるだろうか。長州《ちょうしゅう》には、今《いま》も薩摩《さつま》をにくんでいる者《もの》が多《おお》いだろう。薩摩《さつま》と会津《あいづ》の名《な》を、下駄《げた》の裏《うら》に書《か》いて踏《ふ》んで歩《ある》いているというじゃないか」

「そうだが……でもやるんだ。そこで、どうすればいいか、いろいろ考《かんが》えてみたんだが、こんな提案《ていあん》はどうだろう」

龍馬《りょうま》は、紙《かみ》に書《か》いたものを吉之助《きちのすけ》に見《み》せた。

一、幕府《ばくふ》が長州征討《ちょうしゅうせいとう》を命《めい》じても薩摩《さつま》は加《くわ》わらないと約束《やくそく》する。
二、薩摩《さつま》は、長州《ちょうしゅう》が幕府《ばくふ》に対抗《たいこう》できるよう、武器《ぶき》を送《おく》る。
三、長州《ちょうしゅう》は、藩内《はんない》の備蓄米《びちくまい》を、米不足《こめぶそく》に悩《なや》む薩摩《さつま》にまわしてやる。

「これなら、薩摩《さつま》と長州《ちょうしゅう》、両方《りょうほう》に利益《りえき》があるだろう。どうだ」

「なるほど、両方《りょうほう》に利益《りえき》があるか。さすが、貿易《ぼうえき》を手《て》がけている坂本《さかもと》さんらしい考《かんが》えだ。しかし、この話《はな》しあいの席《せき》についてくれそうな長州《ちょうしゅう》の人《ひと》はいるだろうか」

「うん……やはり桂《かつら》さんだろうな」

「桂小五郎《かつらこごろう》か……会《あ》う気《き》があるかな、むこうに」

こちらがその気《き》になっても、むこうがどう考《かんが》えているかわからない。

「だいじょうぶ、わしの昔《むかし》なじみ、元土佐藩士《もととさはんし》の中岡《なかおか》が、桂《かつら》さんに話《はなし》をすると言《い》ってます。きっと話《はな》しあえますよ」

しかし、これまで敵対《てきたい》することの多《おお》かった薩摩《さつま》と長州《ちょうしゅう》の重役同士《じゅうやくどうし》である。二人《ふたり》が直接対《ちょくせつたい》面《めん》する機会《きかい》をつくれるまでには、かなりの調整《ちょうせい》と時間《じかん》がかかった。

慶応元年《けいおうがんねん》（1865年《ねん》）閏五月六日《うるうがつむいか》、吉之助《きちのすけ》のもとを、中岡慎太郎《なかおかしんたろう》が訪《たず》ねてきた。

「西郷《さいごう》さんは、これから京《きょう》へ行《い》かれるのですね」

「ええ。そのつもりです」

四月《がつ》に、幕府《ばくふ》が、ついに二度目《どめ》の長州征討《ちょうしゅうせいとう》をすると発表《はっぴょう》してしまった。しかも今度《こんど》は、江戸《えど》から将軍家茂《しょうぐんいえもち》が出向《でむ》くという。

そうなると、京《きょう》でいったい何《なに》が起《お》こるかわからない。吉之助《きちのすけ》は京《きょう》へ行《い》って、何《なに》が起《お》きてもすぐに対応《たいおう》できるよう、待機《たいき》することになっていた。

「では、どうでしょう。途中《とちゅう》の下関《しものせき》で、桂《かつら》さんとお会《あ》いになりませんか」

「下関《しものせき》で、ですか」

「はい。今《いま》ごろ、坂本《さかもと》が下関《しものせき》で、この件《けん》を桂《かつら》さんにつたえているはずです」

――なるほど。それぞれで両方《りょうほう》を説得《せっとく》、意向《いこう》をたしかめようというのだな。

「わかりました。ではそうしましょう」

吉之助《きちのすけ》は覚悟《かくご》を決《き》めて、薩摩《さつま》を出発《しゅっぱつ》した。

ところが、である。

閏《うるう》五月《がつ》十八日《にち》、豊後《ぶんご》の佐賀関《さがのせき》まで来《き》たときだった。

「西郷《さいごう》さん。京《きょう》から、急《いそ》ぎのお手紙《てがみ》がとどいています」

「手紙《てがみ》？」

受《う》け取《と》ってみると、差出人《さしだしにん》は京《きょう》にいる一蔵《いちぞう》だった。

「……上京《じょうきょう》を急《いそ》いでほしい。たのむ」

将軍《しょうぐん》が京《きょう》へ来《き》てしまうと、長州征討《ちょうしゅうせいとう》の動《うご》きが早《はや》まる可能性《かのうせい》もある。一蔵《いちぞう》は幕府《ばくふ》や朝廷《ちょうてい》の動《うご》きに危険《きけん》なものを感《かん》じているらしい。

「中岡《なかおか》さん。すまないが、わしは先《さき》を急《いそ》がせてもらう。桂《かつら》さんとの話《はな》しあいは、また機会《きかい》をあらためてくれ」

「西郷《さいごう》さん、それは困《こま》る」

「すまん。京《きょう》の方《ほう》で、どうしてもといっているのだ」

「そうですか……しかたありません、なんとか言《い》い訳《わけ》してみましょう」

あとから聞《き》いたところでは、言《い》い訳《わけ》する中岡《なかおか》に、桂《かつら》はかなり不愉快《ふゆかい》な顔《かお》をしていたという。

それでも、これをきっかけに長州《ちょうしゅう》と薩摩《さつま》の藩士《はんし》同士《どうし》の交流《こうりゅう》が少《すこ》しずつはじまった。二藩《はん》とも、欧米《おうべい》と直接《ちょくせつ》戦争《せんそう》をしたという共通《きょうつう》の経験《けいけん》があったからだろう。武器《ぶき》の購入《こうにゅう》など、たがいの利益《りえき》を共有《きょうゆう》できるような環境《かんきょう》が、少《すこ》しずつ整《ととの》えられていった。

木戸孝允《きどたかよし》と会《あ》う〜同盟成立《どうめいせいりつ》へ

京《きょう》では、長州征討《ちょうしゅうせいとう》への動《うご》きが進《すす》んでいたが、吉之助《きちのすけ》は、薩摩《さつま》がうかつに巻《ま》きこまれないよう、常《つね》に冷静《れいせい》にそうした動《うご》きを観察《かんさつ》していた。

その間《あいだ》に、長州《ちょうしゅう》と薩摩《さつま》は、藩士《はんし》だけでなく、藩主《はんしゅ》である毛利家《もうりけ》と島津家《しまづけ》との間《あいだ》でも、「これまでのたがいの誤解《ごかい》を、できるだけ解《と》く方向《ほうこう》で話《はな》しあいをしましょう」というような内容《ないよう》で書状《しょじょう》のやりとりができるほどに、関係《かんけい》づくりが進《すす》んでいった。

――やはり、幕府《ばくふ》はもうだめだ。

吉之助《きちのすけ》は、京《きょう》で、あらためてその思《おも》いを強《つよ》くしていた。長州征討《ちょうしゅうせいとう》とは別《べつ》に、もう一《ひと》つ重大《じゅうだい》な問題《もんだい》として、条約問題《じょうやくもんだい》があった。西欧《せいおう》と今後《こんご》どうつきあうか。条約《じょうやく》を結《むす》ぶ手続《てつづ》きは、その方針《ほうしん》を決《き》めるのに、とても重大《じゅうだい》なことだ。

将軍後見職《しょうぐんこうけんしょく》の一橋慶喜《ひとつばしよしのぶ》は、長州《ちょうしゅう》のことも条約《じょうやく》のことも、他《ほか》の大名《だいみょう》らの意見《いけん》は聞《き》かず、また朝廷《ちょうてい》の公家《くげ》をおどすようなやり方《かた》をして、強引《ごういん》に進《すす》める人物《じんぶつ》だった。その様子《ようす》を見《み》て、吉之助《きちのすけ》をはじめとする薩摩《さつま》の者《もの》たちは、幕府《ばくふ》への不信感《ふしんかん》でいっぱいになった。

十二月《がつ》、吉之助《きちのすけ》は、一蔵《いちぞう》や小松《こまつ》とも相談《そうだん》して、もう一度《いちど》、長州《ちょうしゅう》の重役《じゅうやく》との対面《たいめん》の機会《きかい》を設《もう》けようと考《かんが》えた。

「どなたか、京《きょう》でわれらと対面《たいめん》してくださらんか」

薩摩《さつま》からの申《もう》しいれに、長州《ちょうしゅう》では、人選《じんせん》に慎重《しんちょう》になったらしく、なかなか返事《へんじ》が来《こ》なかったが、結局《けっきょく》、木戸孝允《きどたかよし》に名前《なまえ》を変《か》えた桂小五郎《かつらこごろう》が選《えら》ばれて京《きょう》の薩摩藩邸《さつまはんてい》までやってきた。

年《とし》がすでにあらたまった、慶応二年《けいおうねん》（1866年《ねん》）一月《がつ》のことだった。

「西郷《さいごう》さん。これまでのことを水《みず》に流《なが》せといわれても。なかなか難《むずか》しいものですが」

「わかっています。しかし、木戸《きど》さん。長州藩《ちょうしゅうはん》も、馬関戦争《ばかんせんそう》を戦《たたか》って、欧米《おうべい》の力《ちから》を思《おも》い知《し》ったでしょう」

「それは、そうです。たしかに、今《いま》、国内《こくない》でもめているときではない。それは、わかる。しかし……」

木戸《きど》との話《はな》しあいは、何日《なんにち》もかかった。

「朝敵《ちょうてき》」とされる、つまり、朝廷《ちょうてい》から公《おおやけ》に「賊《ぞく》」であると名指《なざ》しされることは、歴史上《れきしじょう》に長《なが》く残《のこ》る不名誉《ふめいよ》だ。長州藩《ちょうしゅうはん》としては、帝《みかど》に刃向《はむ》かったつもりはなかったので、木戸《きど》はこのことに、大《おお》きな不満《ふまん》と後悔《こうかい》を持《も》っていた。

長州藩《ちょうしゅうはん》が京《きょう》から締《し》めだされ、あげくに「朝敵《ちょうてき》」とされたいきさつには薩摩藩《さつまはん》が深《ふか》くかかわっていたから、木戸《きど》は、吉之助《きちのすけ》の様々《さまざま》な提案《ていあん》に、容易《ようい》にうなずこうとしない。

また吉之助《きちのすけ》の方《ほう》も、日々《ひび》変化《へんか》する幕府《ばくふ》と朝廷《ちょうてい》の様子《ようす》を見《み》ながら、ともかく薩摩《さつま》が不利益《ふりえき》をこうむらないようにと、慎重《しんちょう》な態度《たいど》を取《と》りつづけていた。

「西郷《さいごう》さん。これではらちがあかない。わたしは一度《いちど》、国元《くにもと》へ帰《かえ》らせてもらおう」

一月《がつ》の二十日《はつか》、吉之助《きちのすけ》の態度《たいど》に嫌気《いやけ》がさしたのか、木戸《きど》が、むっとした顔《かお》で席《せき》を立《た》ってしまった。

「お二方《ふたかた》。ちょっと頭《あたま》を冷《ひ》やしてくれませんか」

そこへ顔《かお》を見《み》せたのは、龍馬《りょうま》だった。

「西郷《さいごう》さん、ちょっと」

龍馬《りょうま》は吉之助《きちのすけ》を別室《べっしつ》へよびだした。

「お二人《ふたり》とも、もどかしいなぁ。どれだけ時間《じかん》がかかるんだ。とにかく、協力《きょうりょく》しあう、藩《はん》内《ない》は自分《じぶん》が説得《せっとく》すると、まず西郷《さいごう》さんから言《い》ってくれませんか。お二人《ふたり》とも、本来自分《ほんらいじぶん》の藩《はん》のことだけを考《かんが》えるような、小《ちい》さい人《ひと》じゃないでしょう」

「……うむ」

――自分《じぶん》の藩《はん》のことだけ考《かんが》えていてはだめだと、たしかに斉彬《なりあきら》さまもおっしゃっていた。吉之助《きちのすけ》は亡《な》き斉彬《なりあきら》と、今《いま》の今《いま》まで面《めん》とむかっていた木戸《きど》の顔《かお》とを、頭《あたま》の中《なか》で、交互《こうご》に思《おも》い浮《う》かべた。

あれだけ、ねばり強《づよ》い交渉《こうしょう》のできる人《ひと》も、そうそうあるまい。長州《ちょうしゅう》を敵《てき》にまわすべきではない。

ときに、大胆《だいたん》に、人《ひと》を信頼《しんらい》する。それもまた、必要《ひつよう》なことだ。

しばらくしてあらためて木戸《きど》とむかいあった吉之助《きちのすけ》は、ある程度《ていど》、薩摩《さつま》が長州《ちょうしゅう》を助《たす》けることもふくめた提案《ていあん》をした。

「もし、幕府《ばくふ》が本当《ほんとう》に長州《ちょうしゅう》を攻《せ》める動《うご》きを見《み》せたら、薩摩《さつま》は三千人《ぜんにん》の兵《へい》を京《きょう》と大坂《おおさか》で動《うご》かして、それを食《く》い止《と》めましょう。そういうことでいかがですか」

「本当《ほんとう》ですか。そこまで言《い》ってくださるのなら」

木戸《きど》の目《め》が輝《かがや》いた。

「木戸《きど》さん。もうこれからは、薩摩《さつま》だ長州《ちょうしゅう》だと言《い》っている場合《ばあい》ではなくなります。国全体《くにぜんたい》の将来《しょうらい》のためです」

「いや、たしかに、おっしゃるとおりです。ぜひいっしょにやっていきましょう」

慶応《けいおう》二年《ねん》一月《がつ》二十一日《にち》。歴史的《れきしてき》な同盟成立《どうめいせいりつ》の瞬間《しゅんかん》だった。

代替《だいが》わり

六月《がつ》になると、幕府《ばくふ》はついに二度目《どめ》の長州征討《ちょうしゅうせいとう》に踏《ふ》みきった。

しかし、薩摩《さつま》の援助《えんじょ》で密《ひそ》かに西洋式《せいようしき》の武器《ぶき》を装備《そうび》し、訓練《くんれん》も積《つ》んでいた長州《ちょうしゅう》は、どこからも幕府軍《ばくふぐん》の侵入《しんにゅう》を許《ゆる》さず、すべてを撃退《げきたい》した。七月《がつ》には、幕府軍《ばくふぐん》の劣勢《れっせい》は、だれの目《め》にもあきらかなほどだった。

「幕府軍《ばくふぐん》はしょせんよせ集《あつ》めだ。進《すす》んで長州《ちょうしゅう》と戦《たたか》いたい藩《はん》など、ごく一部《いちぶ》だけだろう。勝《か》ち目《め》などあるまい」

吉之助《きちのすけ》はそう判断《はんだん》し、京《きょう》での交渉《こうしょう》はほかの者《もの》に任《まか》せて、薩摩《さつま》にもどっていた。

「西郷《さいごう》さま。パークスさまは、わが殿《との》の軍艦訪問《ぐんかんほうもん》を歓迎《かんげい》すると言《い》っています」

英語《えいご》の通訳《つうやく》ができる松木弘安《まつきこうあん》は、このたびの吉之助《きちのすけ》のつとめには、欠《か》かせない人材《じんざい》だった。

「そうか。では、殿《との》に申《もう》しあげてみよう」

薩摩《さつま》の港《みなと》に、イギリスの軍艦《ぐんかん》が入《はい》って来《き》ていた。今回《こんかい》は、もちろん、戦《たたか》うためではなく、これからの外交《がいこう》のあり方《かた》について、話《はな》しあうためだった。

イギリスの公式《こうしき》な使者《ししゃ》であるパークスは、久光《ひさみつ》と忠義《ただよし》を軍艦《ぐんかん》でもてなすなどして、親交《しんこう》を深《ふか》めたのち、日本《にほん》の国情《こくじょう》への疑問《ぎもん》を、吉之助《きちのすけ》にぶつけてきた。

「われわれはこれまで、すべての交渉《こうしょう》は幕府《ばくふ》とせよと言《い》われてきました。だから、将軍《しょうぐん》が日本《にほん》の代表者《だいひょうしゃ》だと思《おも》ったのです。でも、よく聞《き》いてみると、本当《ほんとう》の君主《くんしゅ》は天皇《てんのう》だから、じつは朝廷《ちょうてい》におうかがいをたてて、天皇《てんのう》が許《ゆる》さなければ何《なに》も決《き》まらないと」

「はい。そのとおりです」

「それは、外国《がいこく》にとってはとてもわかりにくい。ならばはじめから朝廷《ちょうてい》と交渉《こうしょう》をしようということになります。幕府《ばくふ》が存在《そんざい》する意味《いみ》はなんですか」

こう問《と》われると、もう吉之助《きちのすけ》には返《かえ》すことばがなかった。

「しかも、幕府《ばくふ》は、われわれに対《たい》して言《い》ったことと、朝廷《ちょうてい》に対《たい》して言《い》ったことが矛盾《むじゅん》しています。これでは、国同士《くにどうし》の信頼関係《しんらいかんけい》はつくれません」

パークスの指摘《してき》どおりだった。幕府《ばくふ》は、外国《がいこく》には「いずれ開国《かいこく》する」と言《い》っておきながら、朝廷《ちょうてい》には「そのうち攘夷《じょうい》を実行《じっこう》する」と言《い》っていたのだから。

「このような状況《じょうきょう》は、できるだけ早《はや》く、解消《かいしょう》するように、薩摩《さつま》が努力《どりょく》します。ただわれらの方《ほう》では、フランスが幕府《ばくふ》に近《ちか》づいていることが不安《ふあん》です。イギリスの方《ほう》では、それはどうお考《かんが》えですか」

幕府《ばくふ》が、遅《おく》ればせながら西洋式《せいようしき》の軍備《ぐんび》を整《ととの》えるため、フランスに協力《きょうりょく》を求《もと》めようと試《こころ》みているという情報《じょうほう》が、吉之助《きちのすけ》のもとにはとどいていた。

「あまりよい状況《じょうきょう》とは思《おも》えませんね。イギリスは、日本《にほん》の内政《ないせい》はあくまで、日本《にほん》が自分《じぶん》で解決《かいけつ》すべきだと考《かんが》えます」

――きちんと筋《すじ》を通《とお》せば、西欧《せいおう》ともつきあっていける。

吉之助《きちのすけ》は、外交《がいこう》というものについて、自信《じしん》がつきはじめていた。

一方《いっぽう》、長州《ちょうしゅう》を攻めきれずにいた幕府《ばくふ》には、「もうこれ以上戦《いじょうたたか》えない」という決定的《けっていてき》なことが起《お》きた。十四代将軍《だいしょうぐん》の家茂《いえもち》が亡《な》くなったのだ。

八月《がつ》、幕府軍《ばくふぐん》は、「喪《も》に服《ふく》す」と宣言《せんげん》して戦《たたか》いをやめ、招集《しょうしゅう》されていた諸藩《しょはん》の兵《へい》も帰《かえ》されることになった。

――つぎの将軍《しょうぐん》には、慶喜《よしのぶ》がなるのだろうか。

家茂《いえもち》には実子《じっし》の男子《だんし》はない。現在将軍《げんざいしょうぐん》の後見職《こうけんしょく》をつとめる一橋慶喜《ひとつばしよしのぶ》は、昔《むかし》、家茂《いえもち》と将軍《しょうぐん》の後継者《こうけいしゃ》を争《あらそ》ったとき、亡《な》き斉彬《なりあきら》が推薦《すいせん》した人物《じんぶつ》だ。しかし、今《いま》の薩摩《さつま》にとっては、まったく信用《しんよう》も油断《ゆだん》もできない存在《そんざい》となっている。

よろこんで将軍《しょうぐん》になるのか、と思《おも》って見守《みまも》っていたのだが、吉之助《きちのすけ》の予想《よそう》に反《はん》して、慶喜《よしのぶ》はなかなか将軍職《しょうぐんしょく》に就《つ》くことを承知《しょうち》せず、「将軍《しょうぐん》がいない」状態《じょうたい》が何《なん》か月《げつ》も続《つづ》いた。

――何《なに》を考《かんが》えているのだろう。

本当《ほんとう》に将軍《しょうぐん》になる気《き》がないのだろうか。なら、一気《いっき》に幕府《ばくふ》をつぶしてしまえばいいのではないか。

薩摩藩《さつまはん》では、一蔵《いちぞう》らをはじめ、何人《なんにん》かがそう考《かんが》えたが、慶喜《よしのぶ》の本心《ほんしん》はそうではなかった。一度《いちど》断《ことわ》ってみて、朝廷《ちょうてい》や諸大名《しょだいみょう》がどう反応《はんのう》するか、様子《ようす》を見《み》ようということだったようで、結局《けっきょく》、帝《みかど》の要請《ようせい》によって、慶喜《よしのぶ》は十二月《がつ》に十五代将軍職《だいしょうぐんしょく》に就《つ》いた。

——帝《みかど》の信頼《しんらい》が厚《あつ》いことを見《み》せつけて、われらを牽制《けんせい》しようとしたのか。

頭《あたま》はよいのかもしれないが、人柄《ひとがら》が信頼《しんらい》できない。慶喜《よしのぶ》に対《たい》する、吉之助《きちのすけ》の正直《しょうじき》な感想《かんそう》だった。

新《あたら》しく将軍《しょうぐん》になった徳川慶喜《とくがわよしのぶ》は、フランスの力《ちから》を借《か》りて、幕府《ばくふ》の軍《ぐん》を西洋式《せいようしき》につくり替《か》え、増強《ぞうきょう》しようとしているらしい。

これまでどおりなんでも幕府《ばくふ》を通《とお》さなければいけないのか、それとも、朝廷《ちょうてい》に大名《だいみょう》が集《あつ》まって、直接議論《ちょくせつぎろん》をする形《かたち》がつくれるのか。

帝《みかど》ご自身《じしん》はどうしたいとお考《かんが》えなのだろう、と吉之助《きちのすけ》が疑問《ぎもん》に思《おも》っているところへ、「帝《みかど》が亡《な》くなられた」との知《し》らせがとどけられた。

「亡《な》くなられた？　どういうことだ」

「はい。天然痘《てんねんとう》に罹《かか》られたと……」

まだ三十六歳《さい》の若《わか》さである。すぐには信《しん》じられないことで、「毒殺《どくさつ》では？」とのうわさもささやかれたほどだった。

ほどなくして、つぎの帝《みかど》の即位《そくい》が発表《はっぴょう》された。十五歳《さい》になったばかりの、睦仁親王《むつひとしんのう》（のちの明治天皇《めいじてんのう》）である。

帝《みかど》と将軍《しょうぐん》が、両方《りょうほう》とも替《か》わった――。これは、世《よ》の中《なか》が大《おお》きく変《か》わるということだと、吉之助《きちのすけ》はあらためて思《おも》った。

大政奉還《たいせいほうかん》

「このままでは、新《あたら》しいしくみづくりも、あの新《あたら》しい将軍《しょうぐん》のよいようにされてしまう」

「しかし、幕府《ばくふ》には有能《ゆうのう》な人材《じんざい》がない。将軍一人《しょうぐんひとり》だけで何《なに》もかもできるわけではないことは、本人《ほんにん》だってわかっているだろうに。物事《ものごと》が先送《さきおく》りされるばかりだ」

吉之助《きちのすけ》は、龍馬《りょうま》や木戸《きど》らと、これからのことを話《はな》しあった。

「やはり、幕府《ばくふ》を武力《ぶりょく》でたおしますか」

吉之助《きちのすけ》が思《おも》いきって提案《ていあん》すると、木戸《きど》がうなずいた。

「幕府《ばくふ》がどうしても抵抗《ていこう》するなら、そうするしかないでしょう」

すると、龍馬《りょうま》が首《くび》をかしげた。

「しかし、それは、あまりよい考《かんが》えじゃないなぁ。お二人《ふたり》だって、そう思《おも》いませんか。それぞれの背景《はいけい》をよく考《かんが》えてください」

たしかに、龍馬《りょうま》の言《い》うとおりだった。イギリスの支援《しえん》を受《う》ける薩摩《さつま》と長州《ちょうしゅう》の連合軍《れんごうぐん》と、フランスに支援《しえん》された幕府軍《ばくふぐん》が戦《たたか》えば、国中《くにじゅう》が混乱《こんらん》する。それは、じつは、西洋列強《せいようれっきょう》の思《おも》うつぼなのかもしれない。

「混乱《こんらん》につけこんで日本《にほん》を侵略《しんりゃく》しようとする国《くに》があっても、不思議《ふしぎ》はありません。危険《きけん》だ」

木戸《きど》も同《おな》じ事《こと》を考《かんが》えたようだ。

「どうでしょう。幕府《ばくふ》に、自主的《じしゅてき》に政権《せいけん》を返上《へんじょう》させるというのは」

「そんなことができますか？」

「もはや、朝廷《ちょうてい》や、われわれ諸藩《しょはん》の動《うご》きを無視《むし》したままでは、政治《せいじ》ができないことは、あちらもわかっているでしょう。もし将軍《しょうぐん》が拒否《きょひ》すれば」

「すれば……」

――そのときは、武力《ぶりょく》を用《もち》いてたおすしかない。

ことばに出《だ》さなくても、意見《いけん》は一致《いっち》していた。

「危険《きけん》ですが、もうそうするしかないでしょう」

龍馬《りょうま》は、土佐藩主《とさはんしゅ》の山内容堂《やまうちようどう》にはたらきかけて、幕府《ばくふ》に「政権《せいけん》を朝廷《ちょうてい》に返《かえ》すよう」という提案《ていあん》をした。慶喜《よしのぶ》が拒否《きょひ》すれば、そのまま、長州《ちょうしゅう》も薩摩《さつま》も挙兵《きょへい》する手《て》はずである。

「こちらを今日《きょう》、岩倉具視《いわくらともみ》さまから内密《ないみつ》でおわたしいただいた。これで、武力行使《ぶりょくこうし》に正当《せいとう》な理由《りゆう》ができる」

一蔵《いちぞう》が朝廷《ちょうてい》から持《も》ち帰《かえ》ってきたのは、「慶喜《よしのぶ》を討《う》ち取《と》ってよい」という朝廷《ちょうてい》の許《ゆる》しが書《か》かれた文書《もんじょ》だった。

慶喜《よしのぶ》がどう返答《へんとう》するか。いつでも、こちらは準備《じゅんび》ができている。

慶応《けいおう》三年《ねん》（１８６７年《ねん》）十月十四日《か》。

「今戦《いまたたか》っても得《とく》にならない」と考《かんが》えたのか、あるいは、「新《あたら》しい体制《たいせい》の中《なか》でも徳川《とくがわ》が主導権《しゅどうけん》をにぎる」と考《かんが》えたのか、慶喜《よしのぶ》はともかく、この提案《ていあん》を受《う》けいれた。

政権《せいけん》が幕府《ばくふ》から朝廷《ちょうてい》へもどる。「大政奉還《たいせいほうかん》」の実現《じつげん》だった。

家康《いえやす》から二百六十五年続《つづ》いた徳川幕府《とくがわばくふ》の政治《せいじ》に、ついに幕《まく》が下《お》ろされようとしていた。

——いよいよだ。

そう思《おも》っていた吉之助《きちのすけ》のもとに、思《おも》いがけない知《し》らせがとどいた。

「申《もう》しあげます。坂本《さかもと》さんと中岡《なかおか》さんが、おそわれました」

「なんだと。どういうことだ」

「くわしいことはわかりません。京都《きょうと》の近江屋《おうみや》という旅館《りょかん》で、お二人《ふたり》で話《はな》しこんでいたところに、賊《ぞく》が押《お》しいったそうです」

「それで、けがの具合《ぐあい》は」

「それが……」

龍馬《りょうま》はその日《ひ》のうちに、中岡《なかおか》は二日後《ふつかご》に、絶命《ぜつめい》したという。

——やったのは、だれだ。

大政奉還《たいせいほうかん》にうらみを抱《いだ》く者《もの》——新撰組《しんせんぐみ》か、京都見廻組《きょうとみまわりぐみ》（いずれも、京都守護職《きょうとしゅごしょく》の配下《はいか》）あたりだろうか。

おそらく、それがだれかをつきとめたり、罰《ばっ》したりということは、今《いま》の京《きょう》では、不可能《ふかのう》だろう。

——龍馬《りょうま》。中岡《なかおか》。

必《かなら》ず、新《あたら》しい世《よ》の中《なか》をつくる。見《み》ていてくれ。

吉之助《きちのすけ》は二人《ふたり》に、心《こころ》の中《なか》でよびかけた。

王政復古《おうせいふっこ》の大号令《だいごうれい》

慶応《けいおう》三年《ねん》（1867年《ねん》）十二月九日《がつここのか》、京都御所《きょうとごしょ》——。

ついに、天皇《てんのう》を中心《ちゅうしん》とする新《あたら》しい政府《せいふ》の組織《そしき》が発表《はっぴょう》された。「王政復古《おうせいふっこ》の大号令《だいごうれい》」である。天皇《てんのう》の下《もと》、政権《せいけん》を代表《だいひょう》する人《ひと》を総裁《そうさい》とよび、総裁《そうさい》を助《たす》けて重要事項《じゅうようじこう》を話《はな》しあう人《ひと》を議定《ぎじょう》、話《はな》しあわれたことを実現《じつげん》するための実務《じつむ》を行《おこな》う人《ひと》を参与《さんよ》とよぶ形《かたち》がつくられた。

総裁《そうさい》は皇族《こうぞく》の有栖川宮熾仁親王《ありすがわのみやたるひとしんのう》。議定《ぎじょう》の中《なか》には、薩摩藩主《さつまはんしゅ》の忠義《ただよし》や、龍馬《りょうま》の元主君《もとしゅくん》であった土佐藩主《とさはんしゅ》の山内容堂《やまうちようどう》、公家《くげ》の岩倉具視《いわくらともみ》らが入《はい》っていた。

吉之助《きちのすけ》は参与《さんよ》の一人《ひとり》に名《な》を連《つら》ねた。もちろん、一蔵《いちぞう》の名《な》もある。

最初《さいしょ》の会議《かいぎ》の議題《ぎだい》は、徳川家《とくがわけ》を今後《こんご》どうあつかうかだった。

「幕府《ばくふ》と将軍《しょうぐん》は廃止《はいし》。慶喜《よしのぶ》どのには、領地《りょうち》も官職《かんしょく》も返上《へんじょう》していただこう」

岩倉《いわくら》がこう発言《はつげん》すると、山内《やまうち》が異論《いろん》を唱《とな》えた。

「お待《ま》ちください。それは徳川家《とくがわけ》に対《たい》してあまりにもひどい仕打《しう》ちでは。官職《かんしょく》はともかく、領地《りょうち》をいきなり全部《ぜんぶ》というのでは」

徳川家《とくがわけ》の領地《りょうち》は、江戸《えど》、京《きょう》、大坂《おおさか》など、国《くに》の重要《じゅうよう》な拠点《きょてん》に加《くわ》え、他《ほか》にもあちこちにあって、あわせれば八百万石《はっぴゃくまんごく》とも言《い》われていた。それらをすべて返還《へんかん》させて徳川家《とくがわけ》をつぶし、また返還《へんかん》された土地《とち》からの税《ぜい》を、新《あたら》しい政府《せいふ》を運営《うんえい》するための、経済的基盤《けいざいてききばん》としようというのが、岩倉《いわくら》らと前《まえ》もって話《はな》しあった提案《ていあん》だった。

しかし、大名《だいみょう》の中《なか》には、それに賛成《さんせい》しない者《もの》もいた。山内《やまうち》だけでなく、越前《えちぜん》の松平慶永《まつだいらよしなが》や、尾張《おわり》の徳川慶勝《とくがわよしかつ》らも、同《おな》じ意見《いけん》らしい。

「これでは、話《はなし》が前《まえ》に進《すす》まぬ。いったん休憩《きゅうけい》にしましょう」

参与《さんよ》である吉之助《きちのすけ》は、会議場《かいぎじょう》である小御所《こごしょ》の周囲《しゅうい》を警備《けいび》しながら、議論《ぎろん》の行方《ゆくえ》を気《き》にかけていた。いったん外《そと》へ出《で》てきた岩倉《いわくら》が、苦々《にがにが》しい顔《かお》で吉之助《きちのすけ》に言《い》った。

「山内《やまうち》らが徳川《とくがわ》をかばって、もめておる」

「徳川《とくがわ》がかかわらない方《ほう》が、新体制《しんたいせい》としてはうまくいく、というのが、われらの方針《ほうしん》ですよね」

「そうなのだが……」

吉之助《きちのすけ》は、土佐藩士《とさはんし》の一人《ひとり》が、こちらの会話《かいわ》を立《た》ち聞《ぎ》きしているのに気《き》づき、わざと聞《き》こえるように言《い》った。

「いざとなれば、短刀一本《たんとういっぽん》で片《かた》がつくことです。わしにはそれくらいの覚悟《かくご》があります」

顔色《かおいろ》を変《か》えてその藩士《はんし》が立《た》ち去《さ》っていった。

おそらく、「これ以上徳川《いじょうとくがわ》に味方《みかた》しない方《ほう》がよい。西郷《さいごう》らは、殿《との》の命《いのち》をうばってでも、徳川《とくがわ》を処分《しょぶん》する気《き》でいる」と、山内《やまうち》につたわるだろう。

これを機《き》に、山内《やまうち》の発言《はつげん》は少《すこ》し勢《いきお》いが小《ちい》さくなった。しかし、日《ひ》が経《た》つにつれて、今度《こんど》は慶永《よしなが》や慶勝《よしかつ》がねばり強《づよ》くはたらきかけたため、ついには「慶喜《よしのぶ》も議定《ぎじょう》に加《くわ》え、会議《かいぎ》によんで、この件《けん》について直接話《ちょくせつはな》しあう」という結論《けつろん》になってしまった。

慶喜《よしのぶ》は、京都守護職《きょうとしゅごしょく》だった松平容保《まつだいらかたもり》（会津藩《あいづはん》）や、京都所司代《きょうとしょしだい》だった松平定敬《まつだいらさだあき》（桑名藩《くわなはん》）らとともに、大坂城《おおさかじょう》にいた。慶永《よしなが》と慶勝《よしかつ》が、京《きょう》へ来《く》るよう、話《はなし》をつたえにいくことになった。

「当人《とうにん》に出《で》てこられては、また何《なに》がどうなるかわからぬ」

会議《かいぎ》を終《お》えた岩倉《いわくら》は、吉之助《きちのすけ》や一蔵《いちぞう》に難《むずか》しい顔《かお》を見《み》せた。慶喜《よしのぶ》は弁舌《べんぜつ》がたくみで、まわりの者《もの》を巻《ま》きこむのがうまい。

「土佐《とさ》や越前《えちぜん》、尾張《おわり》の藩士《はんし》たちの意見《いけん》を、個別《こべつ》に探《さぐ》ってみましょう」

とりあえずそう決《き》めて、吉之助《きちのすけ》たちは様子《ようす》をみることにした。

ところが、十二月《がつ》の末《すえ》に、江戸《えど》から思《おも》いがけぬ知《し》らせが来《き》た。

「江戸《えど》の薩摩藩邸《さつまはんてい》が、焼《や》き討《う》ちにあったとのことです」

「なんだと」

「江戸《えど》のあちこちで騒《さわ》ぎを起《お》こす浪人《ろうにん》が、薩摩藩邸《さつまはんてい》に逃《に》げこんだというので、幕府方《ばくふがた》がおしかけてきまして。乱闘《らんとう》のあげく、火《ひ》をかけられたようです」

——この知《し》らせを聞《き》いて、慶喜《よしのぶ》はどうするだろうか。

むこうではおそらく、薩摩《さつま》が浪人《ろうにん》たちをけしかけて、騒《さわ》ぎを起《お》こさせたと受《う》け取《と》っているにちがいない。慶喜本人《よしのぶほんにん》は冷静《れいせい》でも、まわりにいる、大政奉還《たいせいほうかん》をよく思《おも》っていない者《もの》たちの怒《いか》りやうらみが爆発《ばくはつ》すれば、きっと止《と》められないだろう。

「きっと、こちらでも戦《たたか》いになる。準備《じゅんび》しておくように」

鳥羽伏見《とばふしみ》の戦《たたか》い〜戊辰戦争《ぼしんせんそう》

慶応四年《けいおうねん》(1868年《ねん》)一月三日《がつみっか》。

吉之助《きちのすけ》が思《おも》ったとおり、大坂城《おおさかじょう》から、旧幕府《きゅうばくふ》に味方《みかた》する者《もの》たちが進軍《しんぐん》してきた。本来《ほんらい》なら、越前《えちぜん》と尾張《おわり》の兵《へい》が、少数《しょうすう》で警固《けいご》して慶喜《よしのぶ》を京《きょう》へ連《つ》れてくる予定《よてい》になっていたのだが、暮《く》れに起《お》きた江戸《えど》での騒動《そうどう》は、会津《あいづ》や桑名《くわな》の者《もの》たちを怒《おこ》らせてしまったようだ。

新政府軍《しんせいふぐん》は、大坂《おおさか》からの道筋《みちすじ》、鳥羽伏見街道《とばふしみかいどう》で兵《へい》を待機《たいき》させた。

旧幕府《きゅうばくふ》の兵《へい》は、将軍家《しょうぐんけ》の直属《ちょくぞく》である旗本《はたもと》や御家人《ごけにん》の兵《へい》、会津《あいづ》の兵《へい》、その支配下《しはいか》の新撰組《しんせんぐみ》、桑名《くわな》の兵《へい》など、総勢《そうぜい》一万《まん》五千《せん》にも達《たっ》する。

「はじまったぞ！」

下鳥羽《しもとば》、鴨川《かもがわ》の小枝橋《こえだばし》付近《ふきん》と、伏見《ふしみ》の奉行所《ぶぎょうしょ》のある市街地《しがいち》の二か所《しょ》で、ついに両軍《りょうぐん》が衝突《しょうとつ》した。明治《めいじ》二年《ねん》（１８６９年《ねん》）五月《がつ》まで続《つづ》く、戊辰戦争《ぼしんせんそう》のはじまりであった。

旧幕府軍《きゅうばくふぐん》は、フランス式《しき》の軍備《ぐんび》を整《ととの》えていて、かなりの威力《いりょく》だったが、新政府軍《しんせいふぐん》はそれをなんとか押《お》し返《かえ》し、京《きょう》への侵入《しんにゅう》を食《く》い止《と》めた。「深追《ふかお》いをしないように」と吉之助《きちのすけ》は命《めい》じた。

――明日《あす》も来《く》るか。そうなれば、こちらは。

吉之助《きちのすけ》は、一蔵《いちぞう》たちとも相談《そうだん》して、岩倉《いわくら》にたのみ、ひとつの作戦《さくせん》を実行《じっこう》した。

「これを見《み》るがよい。これでも、まだ戦《たたか》う気持《きも》ちがあるか」

翌日《よくじつ》、新政府軍《しんせいふぐん》の陣《じん》には、赤地《あかじ》の錦《にしき》（絹糸《きぬいと》で織《お》られた布地《ぬのじ》）に、金《きん》で日《ひ》の丸《まる》を、銀《ぎん》で満月《まんげつ》を浮《う》かびあがらせた旗《はた》が立《た》てられた。

「錦《にしき》の御旗《みはた》……」

「錦《にしき》の御旗《みはた》？……おれたち、朝敵《ちょうてき》ってことなのか」

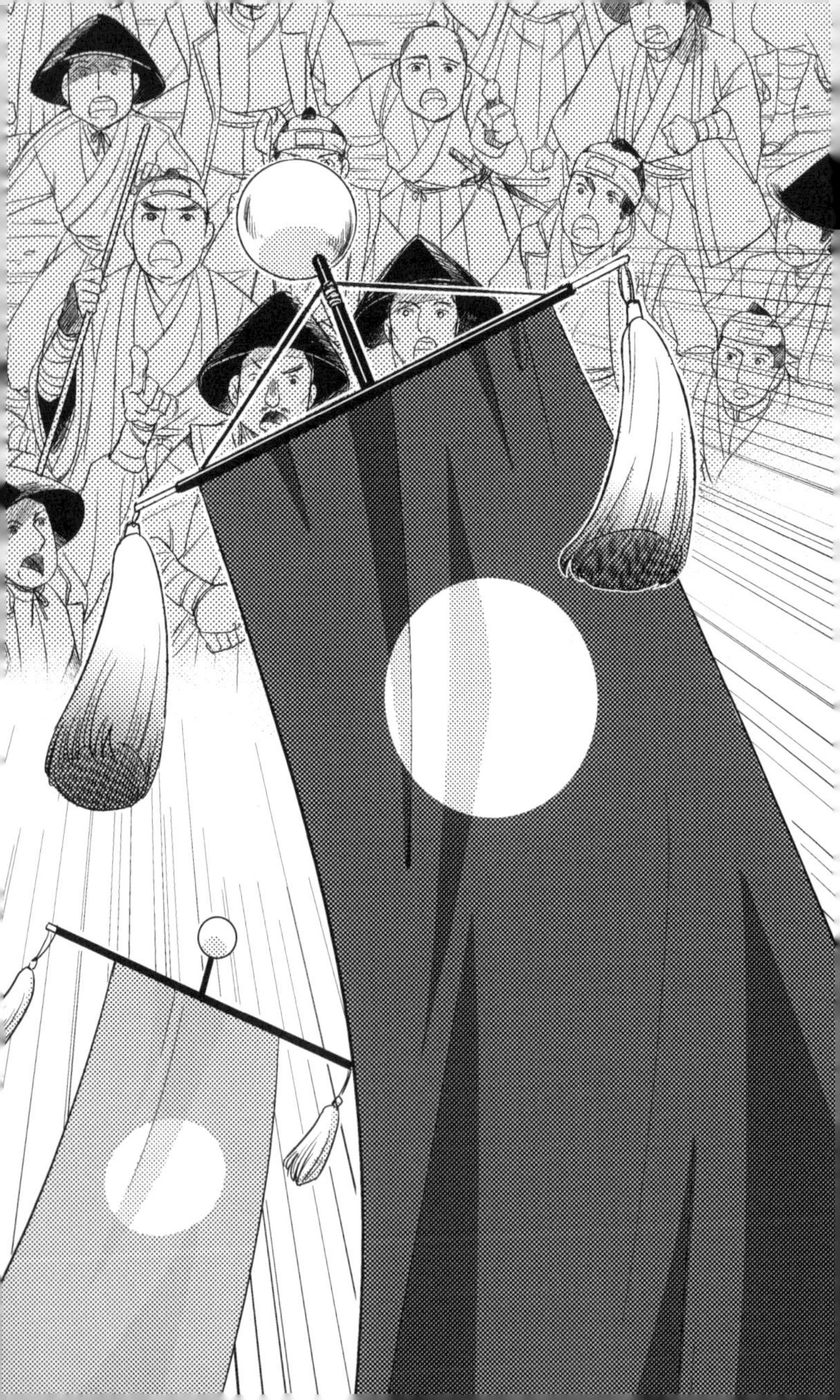

あきらかに、旧幕府軍《きゅうばくふぐん》の兵《へい》たちに、動揺《どうよう》が見《み》られる。

これは、鎌倉時代《かまくらじだい》からある習慣《しゅうかん》だった。朝廷《ちょうてい》が「賊《ぞく》」や「むほん人《にん》」を討《う》つと決《き》めたとき、その軍《ぐん》の総大将《そうだいしょう》に与《あた》えられる旗《はた》なのだ。

この旗《はた》がきっかけで、これまでどちらに味方《みかた》するべきか迷《まよ》っていた藩《はん》が新政府方《しんせいふがた》につくと決《き》めたり、旧幕府方《きゅうばくふがた》に味方《みかた》していたはずの藩《はん》が態度《たいど》を変《か》えたり、といったことが多数《たすう》起《お》きた。

ほどなく、旧幕府軍《きゅうばくふぐん》は敗《やぶ》れ、大坂城《おおさかじょう》にもどっていった。

——どうする気《き》だろう。もう一度《いちど》、打《う》って出《で》てくるつもりだろうか。

しかし、吉之助《きちのすけ》たちが見守《みまも》っている隙《すき》をついて、慶喜《よしのぶ》は、こっそり、大坂湾《おおさかわん》へ脱出《だっしゅつ》、沖《おき》に泊まっていた幕府《ばくふ》の軍艦《ぐんかん》にのって逃《に》げだしてしまった。つきしたがったのは、松平容保《まつだいらかたもり》、定敬《さだあき》と、老中《ろうじゅう》の板倉勝静《いたくらかつきよ》ら、ごく数人《すうにん》の者《もの》だけだった。

慶喜《よしのぶ》の脱出《だっしゅつ》が味方内《みかたない》でも極秘《ごくひ》に行《おこな》われたため、いきなり主《あるじ》がいなくなった大坂城《おおさかじょう》の兵《へい》たちは、あっという間《ま》にちりぢりばらばらになり、戦《たたか》いは終《お》わることになった。

「どうやら、慶喜《よしのぶ》は江戸《えど》へ行《い》ったようですよ。どうしますか」

「江戸城《えどじょう》を拠点《きょてん》に戦《たたか》うつもりでしょうか。一気《いっき》に討《う》ちとりましょう」

数日《すうじつ》して、慶喜《よしのぶ》らが江戸城《えどじょう》へもどったことがわかると、新政府軍《しんせいふぐん》はあらためて江戸《えど》へむかうことになった。有栖川宮熾仁親王《ありすがわのみやたるひとしんのう》が総指揮官《そうしきかん》となり、吉之助《きちのすけ》は参謀《さんぼう》に任命《にんめい》された。

「兵《へい》を出《だ》すのはいいが、東海道《とうかいどう》（京《きょう》から江戸《えど》への道筋《みちすじ》のひとつ）を無事《ぶじ》に通《とお》れるだろうか」

「たしかに。東海道《とうかいどう》沿《ぞ》いには譜代《ふだい》（関ヶ原《せきがはら》の戦《たたか》い以前《いぜん》に徳川《とくがわ》に臣従《しんじゅう》していた家《いえ》）や親藩《しんぱん》（徳川家康《とくがわいえやす》の子孫《しそん》が祖《そ》となっている家《いえ》）が多《おお》い。途中《とちゅう》の藩《はん》が幕府《ばくふ》に味方《みかた》して抵抗《ていこう》したら、そこら中《じゅう》が戦場《せんじょう》になる」

これについては、尾張《おわり》の徳川慶勝《とくがわよしかつ》が「それについては、尾張藩《おわりはん》がなんとかしよう」と申《もう》し出《で》た。「御三家筆頭《ごさんけひっとう》の尾張《おわり》が説得《せっとく》すれば、迷《まよ》っている譜代《ふだい》や親藩《しんぱん》の小藩《しょうはん》たちもみな、きっと新政府《しんせいふ》にしたがうだろう」というのが、慶勝《よしかつ》の考《かんが》えだった。

尾張藩《おわりはん》の尽力《じんりょく》もあって、五万《まん》からなる新政府軍《しんせいふぐん》は、攻撃《こうげき》を受《う》けることなく東海道《とうかいどう》を進《すす》み、無事《ぶじ》、江戸《えど》への進軍《しんぐん》を続《つづ》け、駿河《するが》までいたった。

吉之助《きちのすけ》は、本隊《ほんたい》より先《さき》に入り、江戸《えど》の様子《ようす》を探《さぐ》っていた。

「いくさになるぞ。逃《に》げよう」

「新政府軍《しんせいふぐん》が来《く》れば、江戸《えど》は焼《や》かれるぞ」

町《まち》の人《ひと》たちが口々《くちぐち》にそう言《い》って、逃《に》げる用意《ようい》をしている。

——江戸《えど》を、戦場《せんじょう》にしたくない。

戦《たたか》えばたしかに勝《か》てるだろう。しかし、必要以上《ひつよういじょう》の被害《ひがい》を出《だ》したくなかった。何《なに》かよい方法《ほうほう》はないだろうか。

総攻撃《そうこうげき》は三月《がつ》十五日《にち》と決《き》まっている。あと六日《むいか》しかない。

「西郷《さいごう》さん、お手紙《てがみ》がとどいています」

開《あ》けてみると、それは篤姫《あつひめ》からだった。

「なんとかして、徳川家《とくがわけ》をつぶさない方法《ほうほう》を考《かんが》えてほしい」という願《ねが》いが、ことばをつくしてつづられていた。

——篤姫《あつひめ》さまも、難《むずか》しい立場《たちば》になったな。

考《かんが》えこむ吉之助《きちのすけ》を、山岡鉄舟《やまおかてっしゅう》という幕府《ばくふ》の家来《けらい》の一人《ひとり》が訪《たず》ねてきた。鉄舟《てっしゅう》は、勝海舟《かつかいしゅう》の手紙《てがみ》を持《も》ってきていて、「慶喜《よしのぶ》さまは降伏《こうふく》すると言《い》っています」とつたえた。

「ですからなんとか、攻撃《こうげき》を中止《ちゅうし》して、徳川家《とくがわけ》を残《のこ》してもらえないでしょうか」

「では、つぎの条件《じょうけん》を受《う》けいれますか」

吉之助《きちのすけ》はそう言《い》って、京《きょう》で一蔵《いちぞう》や岩倉《いわくら》と協議《きょうぎ》してきた内容《ないよう》を山岡《やまおか》にしめした。

一、慶喜《よしのぶ》の身柄《みがら》は岡山藩《おかやまはん》あずけとする。
二、江戸城《えどじょう》、及《およ》び幕府所有《ばくふしょゆう》の軍艦《ぐんかん》と武器《ぶき》を、すべて引《ひ》きわたす。
三、慶喜《よしのぶ》の逃走《とうそう》を手伝《てつだ》った者《もの》もすべてとらえ、なんらかの処罰《しょばつ》をする。

「そうですね、二と三はなんとかなると思《おも》うのですが……ただ一は。岡山藩《おかやまはん》というのは」

岡山藩《おかやまはん》は外様《とざま》だが、現在《げんざい》の当主《とうしゅ》・池田茂政《いけだもちまさ》は養子《ようし》で、じつは慶喜《よしのぶ》の弟《おとうと》である。岡山藩《おかやまはん》で慶喜《よしのぶ》を監視《かんし》させることで、兄弟《きょうだい》の両方《りょうほう》を新政府《しんせいふ》が見張《みは》るような形《かたち》にしようという意図《いと》もあった。

「勝《かつ》さんに相談《そうだん》してみます」

勝《かつ》の手紙《てがみ》の方《ほう》には「江戸《えど》の庶民《しょみん》たちには徳川《とくがわ》びいきが多《おお》い。暴発《ぼうはつ》させたくなければ、ものの道理《どうり》にしたがって行動《こうどう》せよ」というようなことが書《か》かれていた。

——徳川《とくがわ》びいきか。

同《おな》じ国《くに》といっても、京《きょう》や大坂《おおさか》と江戸《えど》とでは、人々《ひとびと》の感情《かんじょう》がずいぶんちがう。生《う》まれ育《そだ》った風土《ふうど》というのは人《ひと》に影響《えいきょう》を与《あた》えるものだ。それは、薩摩《さつま》という南国《なんごく》に育《そだ》った吉之助《きちのすけ》にも、思《おも》いあたることがあった。

十三日《にち》には、吉之助《きちのすけ》は勝《かつ》と直接話《ちょくせつはな》しあうことになった。

「勝《かつ》さん。どうしますか。こちらはあくまで江戸城《えどじょう》を攻撃《こうげき》する予定《よてい》です。止《と》める条件《じょうけん》は、山岡《やまおか》さんにすでにつたえたとおりです」

「慶喜《よしのぶ》さまはすでに江戸城《えどじょう》を出《で》て、上野《うえの》の寛永寺《かんえいじ》で謹慎《きんしん》なさっている。もう少《すこ》しゆずってくれないか。……でないと、こちらにも奥《おく》の手《て》くらいはある。何《なに》が起《お》きても知《し》らぬぞ」

——勝《かつ》さんのことだ……何《なに》か考《かんが》えているにちがいない。

先日《せんじつ》の手紙《てがみ》の文面《ぶんめん》が吉之助《きちのすけ》の頭《あたま》をよぎった。

「慶喜《よしのぶ》さまのあつかいにはじゅうぶん気《き》をつけてもらおう。そうでないと、必《かなら》ず暴《あば》れる者《もの》が出《で》てくる。そうなったら、わしにも止《と》められない。……静寛院宮《せいかんいんのみや》さまと、天璋院《てんしょういん》さまの身《み》の安全《あんぜん》は、保証《ほしょう》できない」

——静寛院宮《せいかんいんのみや》さまと天璋院《てんしょういん》さま……。

和宮《かずのみや》と篤姫《あつひめ》——先《さき》の帝《みかど》の妹《いもうと》と、斉彬《なりあきら》の養女《ようじょ》である。

「ううむ。では、条件《じょうけん》を調整《ちょうせい》しましょう」

勝《かつ》は、慶喜《よしのぶ》の身柄《みがら》や、武器《ぶき》の明《あ》けわたしなどについて、大幅《おおはば》な譲歩《じょうほ》を要求《ようきゅう》してきた。

「この条件変更《じょうけんへんこう》は、わしだけで決《き》めることはできません。京《きょう》へ持《も》ち帰《かえ》って、新政府《しんせいふ》の課題《かだい》にします。ですから」

勝《かつ》の目《め》がするどく光《ひか》って、こちらの顔《かお》をとらえた。

「今予定《いまよてい》されている総攻撃《そうこうげき》は、いったん中止《ちゅうし》にします。それはわしの方《ほう》でなんとかします」

「おお。それでこそ、西郷《さいごう》さんだ」

立場《たちば》はちがっていたが、江戸《えど》を戦場《せんじょう》にしたくないという二人《ふたり》の思《おも》いは、なんとか合意点《ごういてん》を見《み》つけることができた。

四月十一日《がつにち》、幕府軍《ばくふぐん》は抵抗《ていこう》をやめた。江戸城《えどじょう》は、ほとんど血《ち》を流《なが》すことなく、新政府軍《しんせいふぐん》に明《あ》けわたされた。

西郷《さいごう》どんコラム

薩《さつ》摩《ま》藩《はん》邸《てい》焼《や》き討《う》ち事《じ》件《けん》の真《しん》相《そう》

明治維新《めいじいしん》の直前《ちょくぜん》、江戸《えど》では幕府《ばくふ》に反発《はんぱつ》する浪人《ろうにん》たちが、三田《みた》にあった薩摩藩邸《さつまはんてい》に大勢《おおぜい》集《あつ》まるようになっていました。彼《かれ》らは西郷《さいごう》らの指示《しじ》で、幕府《ばくふ》に心《こころ》をよせる商人《しょうにん》や、西欧《せいおう》の品物《しなもの》を扱《あつか》っている商人《しょうにん》、幕府《ばくふ》に味方《みかた》しようとする浪人《ろうにん》などをねらい、住《す》まいや蔵《くら》に火《ひ》をつけたり、金品《きんぴん》を強奪《ごうだつ》したり、体《からだ》を痛《いた》めつけたりしました。幕府《ばくふ》に警告《けいこく》することをねらった行動《こうどう》でした。

幕府《ばくふ》は庄内藩《しょうないはん》に、彼《かれ》らを取《と》りしまるよう命《めい》じます。

慶応《けいおう》三年《ねん》（1867年《ねん》）十二月末《がつまつ》、彼《かれ》らの活動《かつどう》ははげしさを増《ま》し、数百名《すうひゃくめい》もの集団《しゅうだん》となっていました。二十二日《にち》から二十三日《にち》にかけて、庄内藩《しょうないはん》の配下《はいか》が滞在《たいざい》していた商家《しょうか》や神社《じんじゃ》が彼《かれ》らによって銃撃《じゅうげき》を受《う》けると、幕府《ばくふ》はついに庄内藩《しょうないはん》に、薩摩藩《さつまはん》の屋敷《やしき》を包囲《ほうい》するよう、命令《めいれい》を下《くだ》します。

庄内藩《しょうないはん》は、浪人《ろうにん》たちを全員《ぜんいん》、引《ひ》きわたすよう薩摩藩《さつまはん》に交渉《こうしょう》しますが、薩摩藩《さつまはん》はこれを拒否《きょひ》。庄《しょう》内藩《ないはん》が突入《とつにゅう》に踏《ふ》み切《き》って戦闘《せんとう》となり、焼《や》き討《う》ちするにいたりました。

この一件《いっけん》が京《きょう》につたわったことで鳥羽伏見《とばふしみ》の戦《たたか》いがはじまってしまうのですが、それがどこまで西郷《さいごう》の意図《いと》によることなのかは、今《いま》でもあまりよくわかっていません。

西郷《さいごう》どんコラム

戊辰戦争《ぼしんせんそう》

江戸城《えどじょう》が無血開城《むけつかいじょう》され、江戸《えど》はほぼ全体《ぜんたい》が戦火《せんか》をまぬがれましたが、幕府《ばくふ》に心《こころ》をよせる者《もの》も多《おお》く、地域《ちいき》によっては戦争《せんそう》になってしまったところもあります。

幕府《ばくふ》から甲州《こうしゅう》（現在《げんざい》の山梨県《やまなしけん》）の治安《ちあん》を守《まも》るように命《めい》じられていた甲陽鎮撫隊《こうようちんぶたい》は、三月《がつ》、甲府《こうふ》城《じょう》を拠点《きょてん》にしようとして進軍《しんぐん》する途中《とちゅう》で新政府軍《しんせいふぐん》と衝突《しょうとつ》し、一日《にち》で壊滅《かいめつ》させられてしまいました。

また同《おな》じように江戸《えど》市中《しちゅう》を任《まか》されていた彰義隊《しょうぎたい》は、勝海舟《かつかいしゅう》や山岡鉄舟《やまおかてっしゅう》から何度《なんど》も解散《かいさん》するように説得《せっとく》されましたが聞《き》きいれず、七月《がつ》、上野寛永寺《うえのかんえいじ》に立《た》てこもっているところを砲撃《ほうげき》され、百名《ひゃくめい》以上《いじょう》の死者《ししゃ》をだしました。

さらに、東北《とうほく》や北陸《ほくりく》では、藩全体《はんぜんたい》で新政府軍《しんせいふぐん》に抵抗《ていこう》しようとする動《うご》きが長《なが》く続《つづ》きました。

京都守護職《きょうとしゅごしょく》をつとめていた松平容保《まつだいらかたもり》を藩主《はんしゅ》としていた会津《あいづ》では、はじめ、降伏《こうふく》と赦免《しゃめん》を新政府《しんせいふ》に願《ねが》い出《で》ましたが、それが拒絶《きょぜつ》されてしまったため、戦争《せんそう》へと突入《とつにゅう》することになります。幕府《ばくふ》から江戸市中取《えどしちゅうと》り締《し》まりを命《めい》じられていた庄内藩《しょうないはん》も、同《おな》じ道《みち》をたどってしまいます。

出羽国《でわのくに》、越後国《えちごのくに》の広《ひろ》い範囲《はんい》で、会津藩《あいづはん》と庄内藩《しょうないはん》に味方《みかた》する動《うご》きが起《お》こった結果《けっか》、三十をこえる藩《はん》が同盟《どうめい》を決《き》め（奥羽越列藩同盟《おううえつれっぱんどうめい》とよばれる）、戦争《せんそう》に踏《ふ》みきりました。輪王寺宮公現法親王《りんのうじのみやこうげんほっしんのう》を盟主《めいしゅ》にむかえたこの抵抗《ていこう》の動《うご》きは、一時《いっとき》は京《きょう》の新政府《しんせいふ》と対抗《たいこう》する政権《せいけん》をつくろうとするほどの盛《も》りあがりを見《み》せたともいわれます。

この日本各地《にほんかくち》での戦争《せんそう》は、はじまった慶応《けいおう》四年《ねん》（九月一日《がつついたち》から明治元年《めいじがんねん》、1868年《ねん》）の干支《えと》が戊辰《つちのえたつ》であったことから、戊辰戦争《ぼしんせんそう》とよばれます。

しかし、つぎつぎと進軍《しんぐん》してきた新政府《しんせいふ》の兵《へい》によって、諸藩《しょはん》はつぎつぎと切《き》りくずされ、降伏《こうふく》に追《お》いこまれていきます。

翌明治《よくめいじ》二年《ねん》（1869年《ねん》）五月《がつ》に、旧幕府《きゅうばくふ》の海軍《かいぐん》の指揮官《しきかん》であった榎本武揚《えのもとたけあき》や、新撰組《しんせんぐみ》の副長《ふくちょう》であった土方歳三《ひじかたとしぞう》らを中心《ちゅうしん》とする集団《しゅうだん》が、蝦夷《えぞ》の箱館《はこだて》（現在《げんざい》の北海道《ほっかいどう》の函館《はこだて》）で降伏《こうふく》したことで、一年半近《ねんはんちか》くに及《およ》んだ戦争《せんそう》はようやく終《お》わりをむかえました。

西郷《さいごう》は、越後《えちご》の柏崎《かしわざき》、出羽《でわ》の庄内《しょうない》などで政府軍《せいふぐん》の指揮《しき》を執《と》りました。その折《おり》、降伏《こうふく》した藩《はん》に対《たい》しては、必要以上《ひつよういじょう》に厳《きび》しい処分《しょぶん》をしないよう配慮《はいりょ》したので、後々《のちのち》、感謝《かんしゃ》されたということです。

また、西郷《さいごう》の弟《おとうと》・吉二郎《きちじろう》は、慶応《けいおう》四年《ねん》の八月二日《がつふつか》に越後《えちご》で負傷《ふしょう》し、十四日《か》にそのけががもとで命《いのち》を落《お》としました。弟《おとうと》の死《し》を知《し》った吉之助《きちのすけ》は号泣《ごうきゅう》し、哀悼《あいとう》の気持《きも》ちをあらわすために、坊主頭《ぼうずあたま》になったとつたわっています。

五、新体制《しんたいせい》の中《なか》で

「隆盛《たかもり》」という名前《なまえ》

１８６８年《ねん》九月八日《がつようか》、元号《げんごう》は慶応《けいおう》から明治《めいじ》へと変《か》わった。すでに七月《がつ》には、「江戸《えど》」は「東京《とうきょう》」とよばれるようになっていた。

徳川幕府《とくがわばくふ》から新《あたら》しい政府《せいふ》へと、国全体《くにぜんたい》のしくみが大《おお》きく変《か》えられたことを、元号《げんごう》の名《な》から「明治維新《めいじいしん》」とよぶ。

その頃《ころ》、吉之助《きちのすけ》は新政府《しんせいふ》には加《くわ》わらず、故郷鹿児島《こきょうかごしま》へ帰《かえ》っていた。

「国全体《くにぜんたい》の新《あたら》しい体制《たいせい》づくりは、木戸《きど》や一蔵《いちぞう》たちがきっとしっかりやってくれるだろう。自分《じぶん》は薩摩《さつま》で、故郷《こきょう》のためになる仕事《しごと》をしたい」

敵《てき》も味方《みかた》も、明治維新《めいじいしん》にいたるまでに、大勢《おおぜい》の犠牲者《ぎせいしゃ》をだした。吉之助《きちのすけ》も、同志《どうし》・月照《げっしょう》とたいせつな弟《おとうと》を失《うしな》った。そうした人々《ひとびと》の冥福《めいふく》を祈《いの》りながら静《しず》かにくらそうと思《おも》ったのだ。また、できることなら、奄美大島《あまみおおしま》へわたって、愛加那《あいかな》や菊次郎《きくじろう》、菊草《きくそう》に会《あ》う機会《きかい》をつくるつもりでいた。

しかし、薩摩藩《さつまはん》の方《ほう》では、新体制《しんたいせい》をつくりあげるために、吉之助《きちのすけ》を頼《たよ》りにしていた。

明治《めいじ》二年《ねん》（1869年《ねん》）二月《がつ》二十三日《にち》。日当山温泉《ひなたやまおんせん》でゆったりとすごしていた吉之助《きちのすけ》のもとを、訪《たず》ねてきた人《ひと》があった。

「殿《との》、わざわざここまでおいでくださるとは。おそれ多《おお》い」

久光《ひさみつ》の子《こ》、第《だい》十二代藩主《だいはんしゅ》の忠義《ただよし》であった。

「西郷《さいごう》。もう一度《いちど》、藩《はん》のため、余《よ》のため、はたらいてはくれぬだろうか」

——御自《おんみずか》ら、おいでくださるとは。これではことわるわけにはいかない。

「もったいないことです。お供《とも》いたします」

翌日《よくじつ》、吉之助《きちのすけ》は忠義《ただよし》の供《とも》をする形《かたち》で、鹿児島城下《かごしまじょうか》へともどった。

——これでは、島《しま》を訪《おとず》れるのは、当分《とうぶん》おあずけだな。

藩《はん》の中《なか》で、最優先《さいゆうせん》の問題《もんだい》になっていたのは、家臣《かしん》たちの俸禄《ほうろく》（給料《きゅうりょう》）制度《せいど》をどう変更《へんこう》するかということだった。これには、どこの藩《はん》でももっとも頭《あたま》を悩《なや》ませていた。

これまで、それぞれの藩内《はんない》で、家柄《いえがら》によって受《う》け継《つ》がれてきた仕事《しごと》や収入《しゅうにゅう》を、新政府《しんせいふ》の制度《せいど》にあうようにうつしていくのは、どこの藩《はん》でも想像《そうぞう》していた以上《いじょう》に手間《てま》のかかることだった。

中《なか》には、大幅《おおはば》に収入《しゅうにゅう》を減《へ》らされ、くらし方《かた》をまったく変《か》えなければならない家《いえ》も出《で》る。また、戊辰戦争《ぼしんせんそう》に新政府軍《しんせいふぐん》の一員《いちいん》として従軍《じゅうぐん》した者《もの》の中《なか》には、「あんなはげしい戦争《せんそう》を戦《たたか》ったのに、ごほうびはこんなにわずかしか出《で》ないのか」と不満《ふまん》を持《も》つ者《もの》もあった。

——なんとか、あまり不満《ふまん》の出《で》ないようなやり方《かた》はないか。

吉之助《きちのすけ》は、収入《しゅうにゅう》が減《へ》った武士《ぶし》たちが、新《あたら》しく設置《せっち》された常備隊《じょうびたい》という軍隊《ぐんたい》に入《はい》れるよう取《と》りはからって、仕事《しごと》の面《めん》でも収入《しゅうにゅう》の面《めん》でも、彼《かれ》らの自尊心《じそんしん》があまり傷《きず》つくことのないよう、つとめた。

この年《とし》、吉之助《きちのすけ》のもとに、新政府《しんせいふ》から明治維新《めいじいしん》に功績《こうせき》があった人《ひと》へのほうびとして、永《えい》世禄《せいろく》とよばれる年金《ねんきん》や、「正三位《しょうさんみ》」という朝廷《ちょうてい》での位《くらい》を与《あた》えるという知《し》らせがあった。

年金《ねんきん》の方《ほう》はありがたく受《う》けとり、それをもとに土地《とち》を買《か》って、屋敷《やしき》を建《た》てることにした。

「長《なが》い間《あいだ》、留守《るす》ばかりですまなかったな」

「いいえ。こんなお屋敷《やしき》、ありがたくてもったいないです」

妻《つま》のイトと、イトが産《う》んだ男子《だんし》、寅太郎《とらたろう》に加《くわ》え、奄美大島《あまみおおしま》から菊次郎《きくじろう》も引《ひ》き取《と》り、吉之助《きちのすけ》は家族《かぞく》で暮《く》らせる幸《しあわ》せを味《あじ》わった。

しかし、「正三位《しょうさんみ》」の方《ほう》では、複雑《ふくざつ》な気持《きも》ちにさせられた。

「殿《との》より上《うえ》というのは……」

忠義《ただよし》が朝廷《ちょうてい》から与《あた》えられていた位《くらい》は、このとき「従三位《じゅさんみ》」だった。久光《ひさみつ》は「従二位《じゅにい》」である。もし、朝廷《ちょうてい》でこの位《くらい》にしたがって並《なら》ぶようなことがあれば、久光《ひさみつ》、吉之助《きちのすけ》、忠義《ただよし》、ということになってしまう。

中心《ちゅうしん》は天皇家《てんのうけ》と朝廷《ちょうてい》になったのだ。そう変《か》えたのは、新政府《しんせいふ》をつくった自分《じぶん》たちだ。朝廷《ちょうてい》が決《き》めたことにはしたがうと決《き》めたのだ。

それを、頭《あたま》ではわかっていながらも、島津家《しまづけ》の殿《との》さまより、自分《じぶん》が上《うえ》の位《くらい》をもらってしまったことは、吉之助《きちのすけ》にはどこか居心地《いごこち》の悪《わる》いところがあった。

こうしたことに、忠義自身《ただよしじしん》よりも、久光《ひさみつ》の方《ほう》がより敏感《びんかん》に反応《はんのう》して、新《あたら》しい政府《せいふ》に不満《ふまん》を持《も》っているらしいことも、吉之助《きちのすけ》には気《き》がかりだった。

さらに、朝廷《ちょうてい》に対《たい》して、こちらから出《だ》す書類《しょるい》をつくる際《さい》にも、思《おも》わぬことで、吉之助《きちのすけ》は時代《じだい》の変化《へんか》を感《かん》じてしまった。

「西郷《さいごう》さん。署名《しょめい》は、吉之助《きちのすけ》ではなくて、本名《ほんみょう》の隆盛《たかもり》と書《か》いてください」

「え……？」

「吉之助《きちのすけ》は通名《つうめい》でしょう。これからは、こうした書類《しょるい》に使《つか》う名《な》と、戸籍《こせき》にのせる名前《なまえ》を統《とう》一《いっ》していく方針《ほうしん》です。大久保《おおくぼ》さんも、今《いま》は一蔵《いちぞう》ではなくて利通《としみち》と名《な》のっています」

役人《やくにん》にそう言《い》われて、吉之助《きちのすけ》はとまどった。

「そうか……。では」

――本当《ほんとう》は、隆永《たかなが》なのだが。

隆盛《たかもり》は父《ちち》・吉兵衛《きちべえ》の本名《ほんみょう》だった。以前《いぜん》にやはり政府《せいふ》に書類《しょるい》をだしたとき、忙《いそが》しくてつい友人任《ゆうじんまか》せにしていたら、その友人《ゆうじん》がまちがえて、父《ちち》の名《な》を書《か》いてしまったのだ。

――まあ、よい。どちらでも、自分《じぶん》は自分《じぶん》に、変《か》わりはあるまい。

これ以後《いご》、吉之助《きちのすけ》は、「西郷隆盛《さいごうたかもり》」と名《な》のって、くらしていくことになる。

廃藩置県《はいはんちけん》

藩《はん》の運営《うんえい》には、隆盛《たかもり》のほか、村田新八《むらたしんぱち》や桂久武《かつらひさたけ》（27ページに出《で》てきた赤山靭負《あかやまゆきえ》の末弟《まってい》にあたる）、伊地知正治《いじちまさはる》ら、隆盛《たかもり》にとっては昔《むかし》からの同志《どうし》と言《い》える者《もの》たちが尽力《じんりょく》していた。しかし、藩内《はんない》で考《かんが》えた結果《けっか》を、新政府《しんせいふ》へ報告《ほうこく》して許可《きょか》を求《もと》めると、否定《ひてい》される、といったことがたび重《かさ》なり、みな次第《しだい》に疲《つか》れやあせりばかり感《かん》じるようになっていった。

「これなら、徳川《とくがわ》のころの方《ほう》がまだましだったんじゃないか」

「ああ、薩摩《さつま》だけで何《なに》かしようと思《おも》えば、できたからな」

「東京《とうきょう》にいる中央《ちゅうおう》の役人《やくにん》たちは、地方《ちほう》のことより、自分《じぶん》たちの昇進《しょうしん》や、派閥《はばつ》のことばかり熱心《ねっしん》だ。われらが薩摩《さつま》でどれほど苦労《くろう》しているか、まるでわかってない」

藩《はん》の重役《じゅうやく》に就《つ》いている者《もの》たちは、だんだんと政治《せいじ》への熱意《ねつい》を失《うしな》っていった。一方《いっぽう》で、東京《とうきょう》で新政府《しんせいふ》の役人《やくにん》となっていた者《もの》が、現状《げんじょう》に失望《しつぼう》して隆盛《たかもり》のもとを頼《たよ》ってもどってくるといったことも増《ふ》えていた。

明治《めいじ》三年《ねん》（1870年《ねん》）十月《がつ》。

「兄上《あにうえ》。お久《ひさ》しう」

「信吾《しんご》じゃないか。いつ鹿児島《かごしま》へ来《き》たんだ。ヨーロッパはどうだった」

弟《おとうと》の信吾《しんご》（従道《つぐみち》）が東京《とうきょう》から訪《たず》ねてきた。西欧《せいおう》のさまざまな制度《せいど》を学《まな》ぶため、長州《ちょうしゅう》の山県有朋《やまがたありとも》とともに、一年間《ねんかん》、ヨーロッパへ派遣《はけん》されていたが、この夏《なつ》に帰国《きこく》していた。

「うむ。学《まな》ぶところが多《おお》くありました。それより兄《にい》さん。今回訪《こんかいたず》ねてきたのは、他《ほか》でもありません」

「なんだ、あらたまって」

「お願《ねが》いです。もう一度《いちど》東京《とうきょう》へ行《い》って、中央《ちゅうおう》ではたらいてください」

弟《おとうと》の顔《かお》には必死《ひっし》の色《いろ》が浮《う》かんでいた。

「大久保《おおくぼ》さんからの伝言《でんごん》です。読《よ》みますよ」

そう言《い》うと、従道《つぐみち》は書状《しょじょう》を取《と》りだした。

「……西郷《さいごう》。どうしても東京《とうきょう》へ来《き》てほしい。やはりそなたの力《ちから》が必要《ひつよう》だ。今《いま》のままでは、新政府《しんせいふ》が西欧《せいおう》と対等《たいとう》になることはできない。一生《いっしょう》の頼《たの》みだ……兄上《あにうえ》。いかがでしょう」

「しかしなあ。薩摩《さつま》には新《あたら》しい制度《せいど》になじめないで困《こま》っている者《もの》が多《おお》い。そういう地元《じもと》の者《もの》たちを、なんとかしてやりたいんだ」

「そういう者《もの》たちのためにも、兄上《あにうえ》が国全体《くにぜんたい》の制度《せいど》を考《かんが》えた方《ほう》がよいのではありませんか。亡《な》くなった坂本《さかもと》さんや吉二郎《きちじろう》たちだって、兄上《あにうえ》の活躍《かつやく》を期待《きたい》しているはずです」

隆盛《たかもり》は考《かんが》えこんだ。

「兄上《あにうえ》。大久保《おおくぼ》さん、本当《ほんとう》に困《こま》っておいでです……見捨《みす》てるのですか。亡《な》き殿《との》のおことばを、お忘《わす》れですか」

——斉彬《なりあきら》さまのおことば……？

『自分《じぶん》の藩《はん》のことだけ考《かんが》えていてはだめだ』

そうだった。

「私《わたし》はヨーロッパへ行《い》って、改《あらた》めて、新政府《しんせいふ》をもっとしっかりしたものにしなければという思《おも》いを強《つよ》くしました。兄上《あにうえ》もぜひ、東京《とうきょう》でつとめを果《は》たしてください」

「……わかった。わしにできることなら、力《ちから》をつくしてみよう。ただ、それを久光《ひさみつ》さまはどう思《おも》うだろう」

「だいじょうぶです。そのあたりは、大久保《おおくぼ》さんが考《かんが》えてくださってます」

十二月《がつ》十八日《にち》、岩倉具視《いわくらともみ》が勅使《ちょくし》として鹿児島《かごしま》へやってきた。そこには利通《としみち》も木戸《きど》も同行《どうこう》していた。三人《にん》は久光《ひさみつ》のもとを訪《たず》ね、「西郷《さいごう》の上京《じょうきょう》を承知《しょうち》してほしい」と許可《きょか》を求《もと》めた。

隆盛《たかもり》が今《いま》でも島津家《しまづけ》を敬《うやま》い、気《き》をつかっていることに、利通《としみち》が配慮《はいりょ》したのだった。


新政府《しんせいふ》に加《くわ》わって、最初《さいしょ》の大《おお》きな仕事《しごと》は、各地域《かくちいき》を、旧大名家《きゅうだいみょうけ》による支配《しはい》から、新《あたら》しい中央集権《ちゅうおうしゅうけん》のしくみに変《か》える廃藩置県《はいはんちけん》（旧大名家支配《きゅうだいみょうけしはい》による藩《はん》を解体《かいたい》し、新《あたら》しい組織《そしき》として県《けん》を置《お》くこと）であった。

ともにこの課題《かだい》に取《と》り組《く》んだ木戸《きど》と隆盛《たかもり》は、たがいに相手《あいて》の有能《ゆうのう》さや人柄《ひとがら》は認《みと》めながらも、仕事《しごと》の進《すす》め方《かた》ではどうしても対立《たいりつ》しがちだった。

「西郷《さいごう》さんのやり方《かた》では、どうしても旧士族《きゅうしぞく》の方《ほう》に手厚《てあつ》い。それでは新《あたら》しい世《よ》の中《なか》にならないでしょう」

「木戸《きど》さんの意見《いけん》はわかる。しかし、そうやって急激《きゅうげき》にもと武士《ぶし》たちを追《お》いつめれば、必《かなら》

ずもめごとが起《お》きる。いや、実際《じっさい》もう起《お》きているのではありませんか」

――どうも、木《き》戸《ど》さんはせっかちだ。

ただ、隆盛《たかもり》も、木戸《きど》の言《い》う方向《ほうこう》が正《ただ》しいことはわかっていた。

明治《めいじ》四年《ねん》（１８７１年《ねん》）七月《がつ》十四日《か》、廃藩置県《はいはんちけん》は宣言《せんげん》された。

旧大名《きゅうだいみょう》を、用件《ようけん》は告《つ》げぬまま「東京《とうきょう》へ来《く》るように」と一斉《いっせい》によび出《だ》して、皇居《こうきょ》へ集《あつ》めての宣言《せんげん》はまるでだまし討《う》ちのようだと、右大臣《うだいじん》の三条実美《さんじょうさねとみ》や岩倉《いわくら》らはいささか不安《ふあん》がったが、むしろ当事者《とうじしゃ》である旧大名《きゅうだいみょう》たちは、ほぼみなが「予期《よき》していたことがついに来《き》た」という受《う》けとめ方《かた》だった。

廃藩置県《はいはんちけん》によって、それまでの藩《はん》による区分《くぶん》は廃止《はいし》され、まず三《みっ》つの府《ふ》と三百《びゃく》二の県《けん》が定《さだ》められた。その後《ご》さらに県《けん》の統合《とうごう》が進《すす》められ、年内《ねんない》に三府《ふ》七十二県《けん》の制度《せいど》が整《ととの》えられた（１８２ページ参照《さんしょう》）。

また、旧大名家《きゅうだいみょうけ》出身者《しゅっしんしゃ》がそのまままつとめていた藩知事《はんちじ》（版籍奉還《はんせきほうかん》のあと、新政府《しんせいふ》によって任命《にんめい》された役職《やくしょく》）がすべて解任《かいにん》された。代《か》わりに置《お》かれることになった県令《けんれい》（明治《めいじ》十九年《ねん》七月《がつ》に県知事《けんちじ》に変更《へんこう》）は、新政府《しんせいふ》によって選《えら》ばれた者《もの》が、東京《とうきょう》から派遣《はけん》されてつとめた。

——なんとか廃藩置県《はいはんちけん》の形《かたち》はできたが。

ただ、これで、もと武士《ぶし》の大半《たいはん》は仕事《しごと》を失《うしな》ったことになるから、不満《ふまん》が大《おお》きくなるだろう。

隆盛《たかもり》が気《き》にかけていたのは、やはりこのことだった。

旧大名《きゅうだいみょう》のほとんどが、廃藩置県《はいはんちけん》を冷静《れいせい》に受《う》けいれたのにくらべて、薩摩《さつま》の久光《ひさみつ》は、息子《むすこ》の忠義《ただよし》からの知《し》らせを受《う》けると、激怒《げきど》のあまり、鹿児島湾《かごしまわん》に花火《はなび》を打《う》ちあげさせたと伝《つた》わってきていた。旧大名《きゅうだいみょう》の一族《いちぞく》には、東京《とうきょう》へ来《き》てくらすようにと指示《しじ》が出《だ》されていたが、久光《ひさみつ》はそれにしたがう気《き》はないといっているらしい。

地元《じもと》薩摩《さつま》の様子《ようす》を知《し》らせてくれた桂久武《かつらひさたけ》は、「これまでの藩《はん》で、兵《へい》としてつとめていた者《もの》たちの今後《こんご》に、ぜひ配慮《はいりょ》をお願《ねが》いしたい。職《しょく》を失《うしな》えば、彼《かれ》らが何《なに》をするかわからない」とつけくわえていた。

薩摩《さつま》は、鎌倉時代《かまくらじだい》からずっと変《か》わることなく、島津氏《しまづし》による支配《しはい》が続《つづ》いてきた地域《ちいき》なので、主家《しゅか》である島津家《しまづけ》とその配下《はいか》であった武士《ぶし》の自尊心《じそんしん》が強《つよ》い。

——薩摩《さつま》に限《かぎ》らず、士族《しぞく》たちの能力《のうりょく》を、うまく生《い》かす道《みち》はないだろうか。

そう思《おも》った隆盛《たかもり》は、彼《かれ》らを軍人《ぐんじん》や警察官《けいさつかん》として採用《さいよう》することを奨励《しょうれい》しようと考《かんが》えた。

西欧《せいおう》と対等《たいとう》にやっていくためには、整備《せいび》された強《つよ》い軍隊《ぐんたい》が必要《ひつよう》だ。また、維新《いしん》の前後《ぜんご》で治安《ちあん》の乱《みだ》れた日本《にほん》の都市《とし》を安全《あんぜん》に保《たも》つには、江戸時代《えどじだい》のような町奉行《まちぶぎょう》と岡《おか》っ引《ぴ》きなどでは、とても無理《むり》で、西欧《せいおう》の制度《せいど》を見習《みなら》った、きちんとした警察組織《けいさつそしき》が必要《ひつよう》だろう。

国《くに》を強《つよ》くし、人《ひと》の能力《のうりょく》をむだなく使《つか》う。

隆盛《たかもり》は軍隊《ぐんたい》や警察《けいさつ》の制度《せいど》を整《ととの》えることに、熱意《ねつい》を持《も》って取《と》り組《く》んだ。

政府《せいふ》の留守番《るすばん》

明治四年《めいじねん》（1871年《ねん》）十一月《がつ》、長《なが》い間検討《あいだけんとう》されていた大《おお》がかりな西欧《せいおう》への使節団《しせつだん》が、ついに出発《しゅっぱつ》することになった。

政治《せいじ》や文化《ぶんか》を学《まな》ぶとともに、江戸幕府《えどばくふ》が諸国《しょこく》と結《むす》んだ、不平等《ふびょうどう》な条約《じょうやく》を改正《かいせい》するのが目的《もくてき》だった。この使節団《しせつだん》が条約《じょうやく》についての成果《せいか》を持《も》ち帰《かえ》ってから、あらためて、そのほかの重要事項《じゅうようじこう》は話《はな》しあうという方針《ほうしん》も確認《かくにん》された。

使節《しせつ》の代表《だいひょう》は岩倉《いわくら》で、木戸《きど》や大久保《おおくぼ》も加《くわ》わっていた。

「西郷《さいごう》。留守《るす》をたのむ」

「うむ。ぜひ、よい成果《せいか》を持《も》ち帰《かえ》ってくれ」

隆盛《たかもり》は、太政大臣《だじょうだいじん》の三条実美《さんじょうさねとみ》を支《ささ》える立場《たちば》で、木戸《きど》や大久保《おおくぼ》の留守《るす》を任《まか》されることになった。協力《きょうりょく》する立場《たちば》にあるのは、大隈重信《おおくましげのぶ》や板垣退助《いたがきたいすけ》らだった。

「教育《きょういく》、税制度《ぜいせいど》、徴兵制《ちょうへいせい》……」

留守番《るすばん》の政府《せいふ》といっても、重要《じゅうよう》な課題《かだい》はたくさんあった。身分《みぶん》による差別《さべつ》をなくすことも、この時期《じき》に進《すす》められ、華族《かぞく》や士族《しぞく》が、平民《へいみん》と結婚《けっこん》することも、許《ゆる》されるようになった(明治政府《めいじせいふ》は、公家《くげ》と大名《だいみょう》とを華族《かぞく》、大名《だいみょう》をのぞく武士《ぶし》を士族《しぞく》、それ以外《いがい》の人々《ひとびと》を平民《へいみん》と呼《よ》ぶと定《さだ》めていた)。ほかにも、土地《とち》の売買《ばいばい》を自由《じゆう》にしたり、キリスト教《きょう》を認《みと》めたり、仇討《あだう》ちを禁止《きんし》したりと、整備《せいび》すべきことは多《おお》かった。

明治《めいじ》六年《ねん》(1873年《ねん》)六月《がつ》、体調《たいちょう》を悪《わる》くした隆盛《たかもり》のもとに、帝《みかど》がわざわざ、医者《いしゃ》を派《は》遣《けん》してくれた。

「西郷《さいごう》さん、手厳《てきび》しいことを言《い》いますが」

ドイツ人医師《じんいし》のホフマンとともにやってきた医師《いし》、岩佐純《いわさじゅん》は、隆盛《たかもり》を診察《しんさつ》すると、苦笑《にがわら》いを浮《う》かべて言《い》った。

「おやせにならないと。寿命《じゅみょう》が縮《ちぢ》みますよ」

もともと、故郷《こきょう》で盛《さか》んに飼《か》われている豚肉《ぶたにく》を使《つか》った料理《りょうり》が好《す》きな上《うえ》、甘《あま》いものも好《す》きな隆盛《たかもり》は、心労《しんろう》が重《かさ》なるとつい食《た》べてしまう。

そんな中《なか》で、留守番《るすばん》の政府《せいふ》に、さらに大《おお》きな課題《かだい》が持《も》ちあがった。隣国《りんごく》、朝鮮《ちょうせん》との外交《がいこう》問題《もんだい》である。

朝鮮《ちょうせん》は、徳川幕府《とくがわばくふ》のころは盛《さか》んに交流《こうりゅう》していたのに、新政府《しんせいふ》からの書状《しょじょう》は、受《う》け取《と》りを拒絶《きょぜつ》したのだ。日本《にほん》が西欧《せいおう》と交流《こうりゅう》をはじめたことが、信用《しんよう》ならないと主張《しゅちょう》していた。

「書状《しょじょう》の受《う》け取《と》りを拒否《きょひ》するとは。朝鮮《ちょうせん》の態度《たいど》は無礼《ぶれい》すぎる。武力《ぶりょく》をもってでも、開国《かいこく》させるべきだ」

板垣《いたがき》はそう主張《しゅちょう》した。しかし、隆盛《たかもり》は意見《いけん》が少《すこ》しちがった。

「戦《たたか》う前《まえ》に、一度《いちど》話《はな》しあいを促《うなが》す必要《ひつよう》があるだろう」

「だれが行《い》く？　むこうの反日感情《はんにちかんじょう》も高《たか》まっているぞ。今《いま》日本《にほん》を代表《だいひょう》して朝鮮《ちょうせん》に行《い》くなんて、殺《ころ》されに行《い》くようなものだ」

殺《ころ》されに行《い》くようなもの。維新《いしん》のころには、何度《なんど》も言《い》われたことのあることばだ。

——命《いのち》が惜《お》しいと思《おも》ったことは、一度《いちど》もない。

それが隆盛《たかもり》の誇《ほこ》りだった。

「わしが行《い》こう。いきなり武力《ぶりょく》を持《も》ちだすのは反対《はんたい》だ」

しかし、欧米《おうべい》からもどってきた木戸《きど》や大久保《おおくぼ》は、語気《ごき》を荒《あら》くして、西郷《さいごう》のこの決断《けつだん》に強《つよ》く反対《はんたい》した。

「西郷《さいごう》は話《はな》しあいのつもりでも、むこうはどう出《で》るかわからないだろう。そなた一人《ひとり》の問《もん》題《だい》ではないんだ。今《いま》、何《なに》か起《お》きては困《こま》る。朝鮮《ちょうせん》行《い》きは認《みと》めない」

「われらが見《み》てきた欧米《おうべい》の姿《すがた》は、想像《そうぞう》以上《いじょう》に何《なに》もかも進《すす》んでいる。今《いま》、外交問題《がいこうもんだい》に力《ちから》を注《そそ》ぐ余裕《よゆう》はない。国内《こくない》の制度《せいど》や技術《ぎじゅつ》を育《そだ》てることが最優先《さいゆうせん》だ」

「しかし、このまま朝鮮《ちょうせん》との問題《もんだい》を放《ほう》っておくわけにはいかないだろう」

隆盛《たかもり》は主張《しゅちょう》したが、大久保《おおくぼ》も木戸《きど》もそれを受《う》けいれなかった。

「だめだ。どうしてもというなら、われらが新政府《しんせいふ》の役職《やくしょく》を辞《や》める」

西郷《さいごう》と木戸《きど》・大久保《おおくぼ》らの対立《たいりつ》のはげしさは、間《あいだ》に入《はい》った太政大臣《だじょうだいじん》の三条実美《さんじょうさねとみ》が病気《びょうき》でたおれるほどだった。

太政大臣代理《だじょうだいじんだいり》をつとめることになった岩倉《いわくら》は、大久保《おおくぼ》と相談《そうだん》して、明治天皇《めいじてんのう》から「西郷《さいごう》の派遣《はけん》は中止《ちゅうし》せよ」という命令《めいれい》が出《で》るようにはたらきかけたので、西郷《さいごう》は朝鮮《ちょうせん》へ行《い》くことはできなくなった。

——そこまでして止《と》めるのか。

海外《かいがい》を自分《じぶん》の目《め》で見《み》た大久保《おおくぼ》は、自分《じぶん》にはない感覚《かんかく》を身《み》につけてきたのかもしれない。

「わかった。そういうことなら、もう国《くに》のことは任《まか》せる。わしはすべての職《しょく》を辞《じ》して、鹿《か》児島《ごしま》へ帰《かえ》る」

「西郷《さいごう》……」

隆盛《たかもり》と考《かんが》えの近《ちか》かった、板垣《いたがき》や後藤象二郎《ごとうしょうじろう》、副島種臣《そえじまたねおみ》、江藤新平《えとうしんぺい》といった新政府《しんせいふ》の高官《こうかん》が、同《おな》じように辞職《じしょく》を願《ねが》いでた。さらに、桐野利秋《きりのとしあき》や村田新八《むらたしんぱち》のように、隆盛《たかもり》を慕《した》い、後《あと》を追《お》うようにして職《しょく》を辞《や》める者《もの》が、陸軍《りくぐん》や警察《けいさつ》、宮内省《くないしょう》などなど、各省庁《かくしょうちょう》で相次《あいつ》いだ。

二人《ふたり》の道《みち》は、ここではっきりとわかれることになった。

学校《がっこう》をつくる

鹿児島《かごしま》へもどった隆盛《たかもり》は、しばらく農業《のうぎょう》や山《やま》での猟《りょう》をしてすごしたが、やがて学校《がっこう》を開《ひら》くことにした。

銃隊学校《じゅうたいがっこう》、砲隊学校《ほうたいがっこう》、吉野開墾社《よしのかいこんしゃ》など、隆盛《たかもり》の開《ひら》いた学校《がっこう》には、鹿児島《かごしま》のみでなく、全《ぜん》国《こく》からその人柄《ひとがら》を慕《した》って、士族《しぞく》たちが集《あつ》まった。

日本《にほん》の各地《かくち》で、くらしていく方法《ほうほう》のなくなった元武士《もとぶし》たちの不満《ふまん》が募《つの》っている。隆盛《たかもり》は自《じ》分《ぶん》の故郷《こきょう》で、そうした不満《ふまん》を解消《かいしょう》し、未来《みらい》に希望《きぼう》が持《も》てるようにはからってやろうと考《かんが》えた。

——軍隊《ぐんたい》でもいい、農業《のうぎょう》でもいい。

技術《ぎじゅつ》と心《こころ》を磨《みが》いて、自立《じりつ》したくらしができるように。

そんな隆盛《たかもり》の願《ねが》いが人々《ひとびと》に通《つう》じたようで、学校《がっこう》はどんどんと人《ひと》が集《あつ》まって大《おお》きくなり、鹿児島《かごしま》の各地《かくち》に分校《ぶんこう》ができるほどだった。

落《お》ちついてくらせるようになった隆盛《たかもり》は、奄美大島《あまみおおしま》から菊草《きくそう》も引《ひ》きとった。

「よい人《ひと》のところへお嫁《よめ》にゆけるよう、私《わたし》がなんでも教《おし》えます」

自分《じぶん》の産《う》んだ子《こ》に女子《じょし》がなかったイトは、菊草《きくそう》を大事《だいじ》にしてくれた。

「先生《せんせい》、県《けん》の役人《やくにん》に採用《さいよう》されました！」

「警察《けいさつ》に就職《しゅうしょく》することになりました！」

隆盛《たかもり》の学校《がっこう》の卒業生《そつぎょうせい》は、だんだんと鹿児島《かごしま》で重要《じゅうよう》な地位《ちい》を占《し》めるようになった。しかしこのことが、次第《しだい》に、新政府《しんせいふ》から警戒《けいかい》され、疑《うたが》いを招《まね》く原因《げんいん》になってしまう。

隆盛《たかもり》が、全国《ぜんこく》の不平士族《ふへいしぞく》を薩摩《さつま》に集《あつ》めて、新政府《しんせいふ》に刃向《はむ》かってくるのではないか。そんなふうに考《かんが》えられてしまったのだ。

隆盛《たかもり》が職《しょく》を辞《や》めたときに、いっしょに辞《や》めて、故郷《こきょう》の佐賀《さが》へ帰《かえ》っていた江藤新平《えとうしんぺい》が中心《ちゅうしん》となって、明治《めいじ》七年《ねん》（１８７４年《ねん》）二月《がつ》に反乱《はんらん》を起《お》こしたこともあり、新政府《しんせいふ》はいっそう、隆盛《たかもり》の動《うご》きを「危険《きけん》なもの」とみなすようになっていた。

実際《じっさい》、反乱《はんらん》を起《お》こしたいと考《かんが》えて、隆盛《たかもり》に相談《そうだん》を持《も》ちかけてくる者《もの》も多《おお》かった。隆盛《たかもり》は、そういった者《もの》の訪問《ほうもん》をきらって、自宅《じたく》をわざと留守《るす》にし、ひんぱんに猟《りょう》に出《で》かけた。

——そういうことをするつもりはない。

今《いま》、隆盛《たかもり》の願《ねが》いはあくまで、人々《ひとびと》がまっとうにくらしていけることだけだった。

西南戦争《せいなんせんそう》

しかし、明治九年《めいじねん》（1876年《ねん》）に、廃刀令《はいとうれい》が出《で》ると、そうした厄介《やっかい》な訪問者《ほうもんしゃ》がさらに増《ふ》えた。

刀《かたな》は、武士《ぶし》にとって身分《みぶん》を象徴《しょうちょう》する品物《しなもの》だった。それをもう腰《こし》にさして行動《こうどう》してはならないというので、自尊心《じそんしん》を傷《きず》つけられた者《もの》は多《おお》かった。

この年《とし》の十月《がつ》、ついに、おそれていたことが起《お》きた。熊本《くまもと》、福岡《ふくおか》の秋月《あきづき》、山口《やまぐち》の萩《はぎ》など、複数《ふくすう》の地域《ちいき》で、武力《ぶりょく》によって新政府《しんせいふ》に抗議《こうぎ》する者《もの》たちが、動《うご》きだしてしまったのだ。

神風連《しんぷうれん》の乱《らん》、秋月《あきづき》の乱《らん》、萩《はぎ》の乱《らん》とよばれたそれらの反乱《はんらん》は、いずれも、新政府《しんせいふ》の軍隊《ぐんたい》によって厳《きび》しく制圧《せいあつ》された。神風連《しんぷうれん》の乱《らん》には約百九十名《やくひゃくめい》、秋月《あきづき》の乱《らん》には約《やく》二百三十名《ひゃくめい》、萩《はぎ》の乱《らん》には約三百三十名《やくびゃくめい》が加《くわ》わっていたという。

「軽々《かるがる》しいことをするなよ」

隆盛《たかもり》は学校《がっこう》に集《あつ》まっている生徒《せいと》たちに、何度《なんど》も何度《なんど》も、言《い》い聞《き》かせていた。

新政府《しんせいふ》から、薩摩《さつま》の様子《ようす》を探《さぐ》らせるための密偵《みってい》が幾人《いくにん》も送《おく》りこまれていることを、隆盛《たかもり》はおおよそ察《さっ》していた。

薩摩《さつま》では幸《さいわ》い、学校教育《がっこうきょういく》の効果《こうか》もあって、今《いま》のところほかの地域《ちいき》ほど、士族《しぞく》たちの不満《ふまん》が高《たか》まってはいないと隆盛《たかもり》は考《かんが》えていた。

——静《しず》かなままでいてくれればいいが。

もし、やむを得《え》ず戦《たたか》うとすれば、すべてを整《ととの》えてからだ。まだ、そのときではない。

しかし、二《ふた》つの出来事《できごと》が、隆盛《たかもり》の予想《よそう》を超《こ》える事態《じたい》を引《ひ》き起《お》こしてしまう。

明治《めいじ》十年《ねん》（１８７７年《ねん》）一月末《がつまつ》——。

隆盛《たかもり》の学校《がっこう》の生徒《せいと》が、鹿児島湾《かごしまわん》の海《うみ》に新政府《しんせいふ》の船《ふね》の姿《すがた》を見《み》つけた。

「どういうことだ。県《けん》にある軍《ぐん》の倉庫《そうこ》から、武器《ぶき》や爆弾《ばくだん》がつぎつぎと県外《けんがい》へ運《はこ》びだされているぞ」

「おかしいじゃないか。あれは、今《いま》でこそ陸軍《りくぐん》のものかもしれないが、もともとは薩摩《さつま》のものだ。それを……」

「みなで鹿児島中《かごしまじゅう》の弾薬庫《だんやくこ》を守《まも》るんだ！　取《と》られたものもうばい返《かえ》せ！」

新政府《しんせいふ》が、鹿児島《かごしま》にあった武器《ぶき》や弾薬《だんやく》を、大阪《おおさか》へうつそうとしているのを生徒《せいと》たちが見《み》つけてしまった。そうはさせないといきりたった生徒《せいと》たちは、大勢《おおぜい》で集《あつ》まって、新政府《しんせいふ》の者《もの》たちを取《と》り囲《かこ》んだ。

ちょうど同《おな》じころ、県内《けんない》にあった分校《ぶんこう》に潜《もぐ》りこんでいた政府《せいふ》の密偵《みってい》を、生徒《せいと》が見《み》つけてしまう。

「おい！　こいつ、政府《せいふ》の手先《てさき》だ。学校《がっこう》に入《はい》りこんで、先生《せんせい》やわれわれのことをあれこれ探《さぐ》っていやがった」

生徒《せいと》たちはその密偵《みってい》を厳《きび》しく責《せ》め立《た》て、強引《ごういん》に「新政府《しんせいふ》から西郷暗殺《さいごうあんさつ》の密命《みつめい》が出《で》ている」と白状《はくじょう》させてしまった。このことはすぐに本校《ほんこう》へと伝《つた》えられ、さらに他《ほか》の分校《ぶんこう》にも伝《つた》わった。

「もうがまんできない。みなで立《た》ちあがるんだ！」

「おう。今《いま》こそ、薩摩武士《さつまぶし》の力《ちから》を見《み》せてやる」

あっという間《ま》に集《あつ》まった千人《せんにん》ほどの生徒《せいと》や卒業生《そつぎょうせい》で、鹿児島市内《かごしましない》はあふれかえった。

そのころ、隆盛自身《たかもりじしん》は、大隅半島《おおすみはんとう》の小根占《こねじめ》で狩《か》りを楽《たの》しんでいて、生徒《せいと》たちの動《うご》きを知《し》らなかった。

「兄上《あにうえ》、たいへんだ。生徒《せいと》たちが……」

末弟《まってい》の小兵衛《こへえ》が緊急事態《きんきゅうじたい》を知《し》らせてくれた。

「しまった……」

――目《め》を離《はな》したのは、油断《ゆだん》だった。

これでは本当《ほんとう》にむほんを起《お》こしたことになってしまう。

隆盛《たかもり》は自分《じぶん》の見通《みとお》しの甘《あま》さを悔《く》やんだが、もはやどうすることもできない。

――責任《せきにん》は取《と》ろう。生徒《せいと》たちの思《おも》いにも応《こた》えよう。ただ、筋《すじ》はきちんと通《とお》そう。やみくもに戦《たたか》っても、意味《いみ》がない。

二月七日《がつなのか》、隆盛《たかもり》は桐野利秋《きりのとしあき》、篠原国幹《しのはらくにもと》と連名《れんめい》で、県令《けんれい》の大山綱良《おおやまつなよし》あてに、つぎのような内容《ないよう》の書状《しょじょう》を提出《ていしゅつ》した。

「今《いま》の政府《せいふ》にぜひ、問《と》いただしたいことがあります。ただそのためだけに、われらはここから行進《こうしん》します。大勢《おおぜい》が移動《いどう》しますから、一般《いっぱん》の人々《ひとびと》に不安《ふあん》を与《あた》えることがないよう、どうかご配慮《はいりょ》をお願《ねが》いします」

隆盛《たかもり》の書《か》いたこの最初《さいしょ》の一文《いちぶん》は、大勢《おおぜい》の心《こころ》を動《うご》かし、一万《まん》をはるかにこえるほどの兵《へい》が集《あつ》まるまでになった。

——なんということだ。

今《いま》の政府《せいふ》に抗議《こうぎ》したい者《もの》が、こんなに大勢《おおぜい》いる。そのことだけでも、なんとか新政府《しんせいふ》につたえたい。

「先生《せんせい》。すごいですね」

「うむ。わしの命《いのち》は、おまえたちにあずけたぞ」

——利通《としみち》。この様子《ようす》を知《し》ってくれ。なんとか考《かんが》えてくれ。

西郷軍《さいごうぐん》は、話《はな》しあいの末《すえ》、政府陸軍《せいふりくぐん》の拠点《きょてん》のひとつ、熊本城《くまもとじょう》へと進軍《しんぐん》し、やがて来《く》るであろう政府軍《せいふぐん》と対決《たいけつ》することになった。熊本城《くまもとじょう》には県庁《けんちょう》の庁舎《ちょうしゃ》と熊本鎮台《くまもとちんだい》（陸軍《りくぐん》の大部隊《だいぶたい》が置《お》かれているところ）があり、桐野《きりの》は以前《いぜん》、その司令長官《しれいちょうかん》をつとめていたことがあった。

二月十五日《がつにち》、鹿児島《かごしま》では五十年《ねん》ぶりという大雪《おおゆき》の中《なか》、先発隊《せんぱつたい》が出発《しゅっぱつ》した。ほかの隊《たい》も、順《じゅん》を追《お》って、整然《せいぜん》と後《あと》に続《つづ》いた。

「熊本城《くまもとじょう》が見《み》えてきたぞ」

二十日《はつか》、熊本城《くまもとじょう》の近《ちか》くまでたどりついた西郷軍《さいごうぐん》は、あらためて作戦会議《さくせんかいぎ》を開《ひら》いた。すでにこちらの偵察隊《ていさつたい》が、鎮台《ちんだい》からの攻撃《こうげき》を受《う》けていた。

「やはり、熊本城《くまもとじょう》をうばいましょう」

「いや、兵《へい》の一部《いちぶ》を残《のこ》すだけにして、本隊《ほんたい》はもっと東《ひがし》を目指《めざ》した方《ほう》がいいのでは」

「ここを拠点《きょてん》にできた方《ほう》がよい。城《しろ》を取《と》りましょう」

議論《ぎろん》の末《すえ》、熊本城《くまもとじょう》をうばうことに力《ちから》を注《そそ》ぐことになった。

二十二日《にち》、熊本城《くまもとじょう》を取《と》り囲《かこ》み、攻撃《こうげき》をはじめた西郷軍《さいごうぐん》だったが、熊本城《くまもとじょう》は戦国武将《せんごくぶしょう》で、築城《ちくじょう》の名人《めいじん》として知《し》られた加藤清正《かとうきよまさ》によって建《た》てられた堅牢《けんろう》（丈夫《じょうぶ》で壊《こわ》れないこと）な城《しろ》で、落《お》とすことは不可能《ふかのう》だった。

二十七日《にち》には、高瀬《たかせ》を占拠《せんきょ》する政府軍《せいふぐん》を、三方《さんぽう》から攻撃《こうげき》する作戦《さくせん》が取《と》られた。ある程度《ていど》、敵《てき》を後退《こうたい》させることに成功《せいこう》したものの、弾薬《だんやく》が不足《ふそく》したり、あたりの地理《ちり》の把握《はあく》が不十分《ふじゅうぶん》だったりといった失態《しったい》もあって、退却《たいきゃく》をしなければならなくなった。

この戦《たたか》いで、村田新八《むらたしんぱち》の隊《たい》に所属《しょぞく》していた隆盛《たかもり》の弟《おとうと》、小兵衛《こへえ》が、銃弾《じゅうだん》を受《う》けて命《いのち》を落《お》とした。

「小兵衛《こへえ》……」

知《し》らせを聞《き》いた隆盛《たかもり》は、ことばを失《うしな》ってしまった。

戊辰戦争《ぼしんせんそう》で吉二郎《きちじろう》を、そしてまたここで小兵衛《こへえ》を。涙《なみだ》があとからあとから流《なが》れて、軍服《ぐんぷく》の袖《そで》をぬらしていく。

自分《じぶん》の命《いのち》は惜《お》しくない。しかし、なぜこうして、弟《おとうと》たちを戦争《せんそう》で死《し》なせることになってしまったのか。

深《ふか》い悲《かな》しみで、心《こころ》が押《お》しつぶされそうだったが、隆盛《たかもり》には、ゆっくりと泣《な》くことさえ、許《ゆる》されなかった。

政府軍《せいふぐん》の援軍《えんぐん》が、西郷軍《さいごうぐん》の予想《よそう》より早《はや》く、続々《ぞくぞく》と到着《とうちゃく》しつつあったのだ。

――あちらの総大将《そうだいしょう》は、有栖川宮《ありすがわのみや》さまか。

総督《そうとく》をつとめる有栖川宮《ありすがわのみや》はかつて、京《きょう》から江戸《えど》へむかう新政府軍《しんせいふぐん》において、隆盛《たかもり》が仕《つか》え

西南戦争《せいなんせんそう》における両軍《りょうぐん》の進路《しんろ》

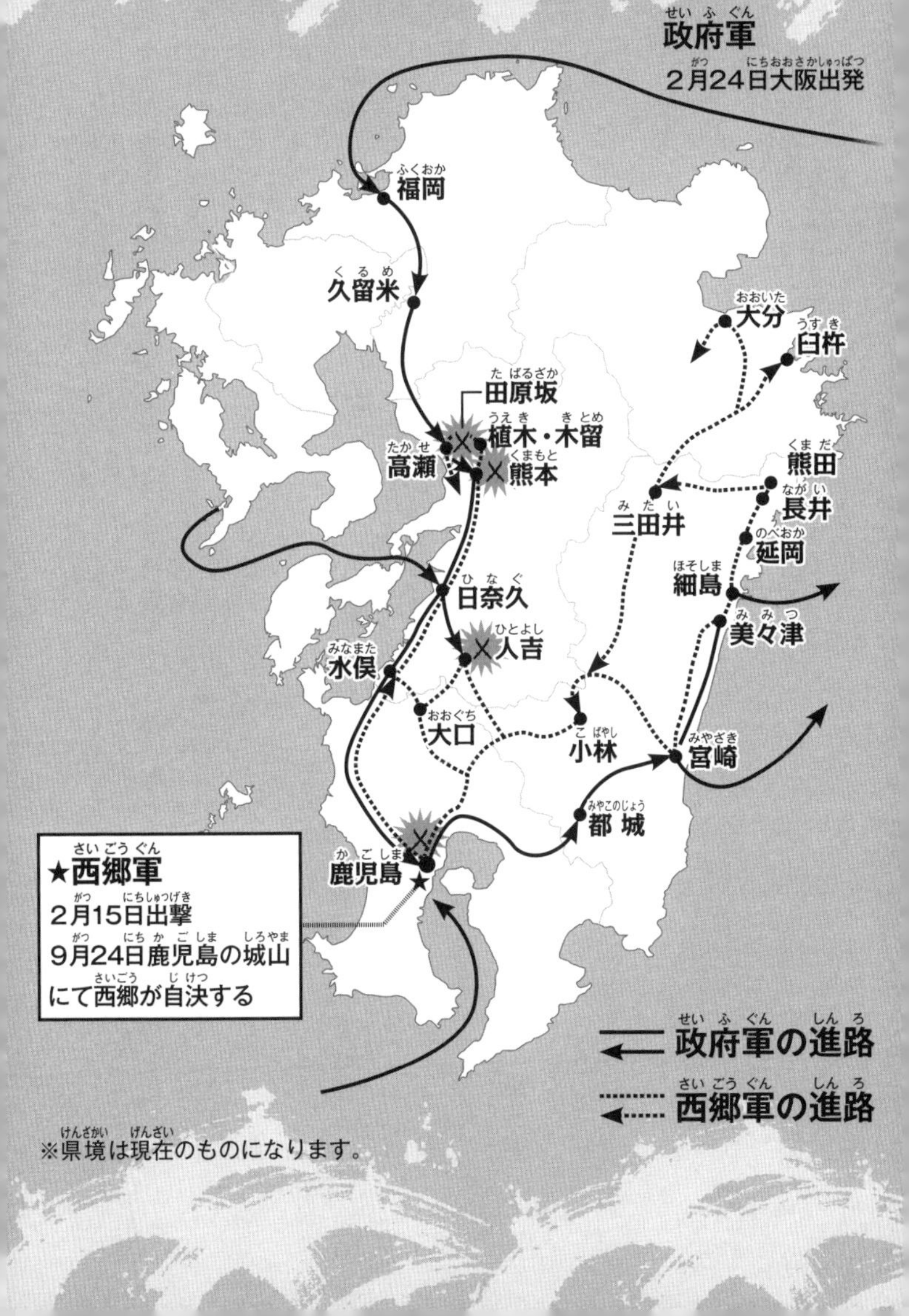

た方《かた》である。あのときは、まさかこんなことになろうとは、夢《ゆめ》にも思《おも》っていなかった。

また、副将《ふくしょう》にあたる参軍《さんぐん》をつとめるのは、山県有朋《やまがたありとも》と川村純義《かわむらすみよし》だ。山県《やまがた》は以前《いぜん》、陸軍《りくぐん》を整備《せいび》するときにいっしょにはたらいた経験《けいけん》があり、また川村《かわむら》と隆盛《たかもり》とは、親戚《しんせき》でもあった。

――縁《えん》のあった人々《ひとびと》と、こうして戦《たたか》うことになるとは。

熊本《くまもと》、高瀬《たかせ》、田原坂《たばるざか》、吉次峠《きちじとうげ》、鳥巣《とりす》、植木《うえき》、木留《きとめ》、人吉《ひとよし》、大口《おおくち》、都城《みやこのじょう》、美々津《みみつ》、延岡《のべおか》……。

八か月近《げっちか》くの長《なが》きにわたって、西郷軍《さいごうぐん》は九州各地《きゅうしゅうかくち》で戦《たたか》いを繰《く》りひろげた。

「敵兵《てきへい》は、五万《まん》か……」

本州《ほんしゅう》からつぎつぎと送《おく》りこまれる新政府《しんせいふ》の援軍《えんぐん》は、どんどんとふくれあがって、鹿児島《かごしま》城下《じょうか》もほとんど支配下《しはいか》に置《お》いてしまった。

それに対《たい》して西郷軍《さいごうぐん》は、八月十五日《がつにち》に和田越《わだごえ》の峠《とうげ》に隆盛《たかもり》が自《みずか》ら戦闘《せんとう》を指揮《しき》するにいたった時点《じてん》で、すでに味方《みかた》の兵《へい》は三千五百人《ぜんひゃくにん》にまで減《へ》っていた。

「みな、よく聞《き》いてくれ。ここまでよくやってくれた」

「先生《せんせい》……」

八月十六日《がつにち》、隆盛《たかもり》はひとつの決断《けつだん》をした。

――若《わか》い者《もの》たちの命《いのち》をこれ以上《いじょう》、散《ち》らせたくない。

「無念《むねん》だが、われらの軍《ぐん》は、本日《ほんじつ》をもって解散《かいさん》とする。ここからは、各自《かくじ》、自分《じぶん》の意志《いし》で行動《こうどう》してくれ。無理《むり》にわしについてこなくていい。全軍《ぜんぐん》に、この命令《めいれい》をつたえるように」

そう言《い》うと、隆盛《たかもり》はそれまで着《き》ていた軍服《ぐんぷく》を焼《や》いた。陸軍大将《りくぐんたいしょう》をつとめていたときの制服《せいふく》だった。

「先生《せんせい》、熊本《くまもと》を再攻撃《さいこうげき》しましょう」

「いや、豊後《ぶんご》へ進《すす》んで、態勢《たいせい》を立《た》て直《なお》しましょう」

それでも隆盛《たかもり》にしたがう者《もの》たちが、口々《くちぐち》にこれからのことを提案《ていあん》してきたが、隆盛《たかもり》は首《くび》を横《よこ》に振《ふ》った。

「本当《ほんとう》についてきたい者《もの》だけ、ついてこい」

それだけ言《い》うと、隆盛《たかもり》は可愛岳《えのだけ》をこえ、三田井《みたい》を経《へ》た後《のち》、鹿児島《かごしま》へもどると、城山《しろやま》へ立《た》てこもった。

「それでもまだ、こんなについてきてくれているのか……」

三百《びゃく》七十二人《にん》。銃《じゅう》さえ失《うしな》って、文字通《もじどお》り体《からだ》ひとつだけの者《もの》も多《おお》かった。

九月二十四日《がつかか》の明《あ》け方《がた》、城山《しろやま》にむかって、政府軍《せいふぐん》の総攻撃《そうこうげき》があびせられた。

数時間《すうじかん》で、隆盛《たかもり》のまわりに、数多《かずおお》くの味方《みかた》の亡骸《なきがら》が横《よこ》たわった。

どん！

「ぐっ……」

体中《からだじゅう》に響《ひび》く振動《しんどう》、痛《いた》み。隆盛《たかもり》の太《ふと》ももに、敵《てき》の銃弾《じゅうだん》が命中《めいちゅう》した。

――ここで終《お》わりか……。利通《としみち》、従道《つぐみち》、たのむ。せめて、なぜわしがこの戦《たたか》いをせねばならなかったか、よく考《かんが》えてくれ。

「先生《せんせい》！」

別府晋介《べっぷしんすけ》が駆《か》けよってきた。

「もう、このあたりでよいだろう。別府《べっぷ》、たのむ」

隆盛《たかもり》は、別府《べっぷ》に自分《じぶん》の首《くび》をはねるよう、命《めい》じた。

「先生《せんせい》……お許《ゆる》しください！」

西郷隆盛《さいごうたかもり》、五十一歳《さい》であった。


（了《りょう》）

西郷《さいごう》どんコラム

西郷星《さいごうぼし》

西南戦争《せいなんせんそう》で西郷《さいごう》が亡《な》くなったころ、世《よ》の中《なか》では不思議《ふしぎ》なうわさが流《なが》れていました。「夜空《よぞら》に急《きゅう》にあらわれた明《あか》るく赤《あか》い星《ほし》の中《なか》に、陸軍大将《りくぐんたいしょう》の正装《せいそう》をした西郷《さいごう》の姿《すがた》が見《み》えた」というのです。

じつはこの年明治《としめいじ》十年《ねん》（1877年《ねん》）の九月《がつ》は、およそ十五年《ねん》に一度《いちど》、火星《かせい》が地球《ちきゅう》に大接近《だいせっきん》する時期《じき》にあたっていたのでした。そうした天文《てんもん》の知識《ちしき》は一般《いっぱん》の人々《ひとびと》にはほとんど知《し》られていなかったので、西郷《さいごう》の無念《むねん》やうらみのあらわれだと考《かんが》えた人《ひと》が多《おお》くいたようです。

この当時《とうじ》に売《う》りだされた浮世絵《うきよえ》には、赤《あか》い星《ほし》の中《なか》に西郷《さいごう》の姿《すがた》をえがいたものが、何種類《なんしゅるい》もありました。

またちょうど同《おな》じころに、火星《かせい》の近《ちか》くに土星《どせい》も位置《いち》していました。そちらを、西郷《さいごう》を慕《した》って行動《こうどう》をよく供《とも》にしていた、桐野利秋《きりのとしあき》に見立《みた》てた人《ひと》もあったそうです。

西郷《さいごう》どんコラム

大久保利通《おおくぼとしみち》と西郷《さいごう》 その②

大久保《おおくぼ》は、士族《しぞく》たちの不満《ふまん》がたまっていることは知《し》っていましたが、西郷《さいごう》が士族《しぞく》を率《ひき》いて反乱《はんらん》を起《お》こすことはないと信《しん》じていたので、挙兵《きょへい》の知《し》らせを聞《き》いてたいへんにおどろきました。

「自分《じぶん》が鹿児島《かごしま》へ行《い》って西郷《さいごう》に直接《ちょくせつ》会《あ》う」と政府《せいふ》に希望《きぼう》を出《だ》しましたが、政府《せいふ》は、大久保《おおくぼ》が行《い》けば殺《ころ》されてしまうと考《かんが》えて、それを許《ゆる》しませんでした。

西郷《さいごう》の死《し》を知《し》った大久保《おおくぼ》は号泣《ごうきゅう》しながら家《いえ》の中《なか》を歩《ある》きまわっていたとつたえられています。

西郷《さいごう》の死後《しご》、大久保《おおくぼ》はいっそう熱心《ねっしん》に政治《せいじ》に取《と》り組《く》み、日本《にほん》で初《はつ》の博覧会《はくらんかい》を成功《せいこう》させるなどの成果《せいか》をあげる一方《いっぽう》、士族《しぞく》たちが農業《のうぎょう》に従事《じゅうじ》できるよう、政策《せいさく》を練《ね》ろうとします。

ところが、政府《せいふ》に不満《ふまん》を持《も》つ六名《めい》の士族《しぞく》により、大久保《おおくぼ》は暗殺《あんさつ》されてしまいます。西南戦争《せいなんせんそう》の翌年《よくとし》、明治《めいじ》十一年《ねん》（１８７８年《ねん》）五月《がつ》十四日《か》のことでした。

その直前《ちょくぜん》、大久保《おおくぼ》は明治元年《めいじがんねん》からの十年間《ねんかん》を振《ふ》り返《かえ》り、今後《こんご》の二十年《ねん》をどうすべきかについて、抱負《ほうふ》を述《の》べていました。

亡《な》くなったとき、大久保《おおくぼ》の懐《ふところ》には、生前《せいぜん》に西郷《さいごう》から送《おく》られた手紙《てがみ》が二通《つう》入《はい》っていたそうです。

西郷《さいごう》どんコラム

似《に》てる？　似《に》てない？　西郷《さいごう》の銅像《どうぞう》

逆賊《ぎゃくぞく》として死《し》んだ西郷《さいごう》でしたが、その人柄《ひとがら》をたたえる人《ひと》は多《おお》くいました。明治天皇《めいじてんのう》も、その死《し》をたいへん惜《お》しんだといいます。また、勝海舟《かつかいしゅう》は、西郷《さいごう》の死後《しご》、名誉回復《めいよかいふく》や遺族《いぞく》の生活《せいかつ》のために尽力《じんりょく》しており、記念碑《きねんひ》を建《た》てたりもしています。

明治《めいじ》二十二年《ねん》（1889年《ねん》）になって、明治政府《めいじせいふ》が正式《せいしき》に西郷《さいごう》を赦免《しゃめん》すると、その銅像《どうぞう》を建立《こんりゅう》しようという活動《かつどう》が、子《こ》どものころからの友人《ゆうじん》であった吉井友実《よしいともざね》らを中心《ちゅうしん》に起《お》こります。明治《めいじ》三十一年《ねん》（1898年《ねん》）十二月《がつ》、東京《とうきょう》の上野公園《うえのこうえん》の銅像《どうぞう》の除幕式《じょまくしき》が行《おこな》われました。制作《せいさく》したのは彫刻家《ちょうこくか》・高村光雲《たかむらこううん》で、愛犬《あいけん》で、大好《だいす》きな狩猟《しゅりょう》のパートナーでもあった薩摩犬《さつまけん》ツンの像《ぞう》（制《せい》作《さく》は後藤貞行《ごとうさだゆき》）を連《つ》れた、普段着《ふだんぎ》で飾《かざ》り気《け》のない姿《すがた》をしています。

ただ、西郷《さいごう》は生前《せいぜん》、写真《しゃしん》を撮《と》られることをとてもきらったので、資料《しりょう》となる写真《しゃしん》がありませんでした。そのため、この像《ぞう》は本人《ほんにん》にあまり似《に》ていないという説《せつ》もあります。また、妻《つま》のイトは、夫《おっと》の像《ぞう》が正装《せいそう》の軍服姿《ぐんぷくすがた》であることを希望《きぼう》しており、この像《ぞう》を複雑《ふくざつ》な思《おも》いで見《み》たともつたえられます。

後《のち》に鹿児島市《かごしまし》に建《た》てられた銅像《どうぞう》は軍服姿《ぐんぷくすがた》です。こちらの方《ほう》が本人《ほんにん》に似《に》ているという人《ひと》もいます。

西郷《さいごう》どんコラム

西郷《さいごう》の家族《かぞく》のその後《ご》

西郷《さいごう》の弟《おとうと》・従道《つぐみち》（通名《つうめい》は信吾《しんご》）は、兄《あに》が明治政府《めいじせいふ》の職《しょく》を辞《じ》したのちも政府陸軍《せいふりくぐん》にとどまり、西南戦争《せいなんせんそう》では政府軍《せいふぐん》の留守《るす》をあずかる立場《たちば》にいました。その後《ご》も政府《せいふ》の重役《じゅうやく》を歴任《れきにん》した従道《つぐみち》でしたが、総理大臣候補《そうりだいじんこうほ》になったときは、「兄《あに》が朝敵《ちょうてき》だったから」と辞退《じたい》したということです。

愛加那《あいかな》との間《あいだ》に生《う》まれた菊次郎《きくじろう》は、十二歳《さい》のときにアメリカへ留学《りゅうがく》。帰国後《きこくご》、西南戦争《せいなんせんそう》で西郷軍《さいごうぐん》の一員《いちいん》として戦《たたか》い、負傷《ふしょう》して右足《みぎあし》の膝《ひざ》から下《した》を失《うしな》いました。桐野《きりの》のはからいで戦地《せんち》を離脱《りだつ》したあとは、叔父《おじ》の従道《つぐみち》に保護《ほご》され、のちには外交官《がいこうかん》や京都市長《きょうとしちょう》として活躍《かつやく》しました。

菊次郎《きくじろう》の妹《いもうと》・菊草《きくそう》は、のちに菊子《きくこ》と名前《なまえ》をあらため、薩摩藩出身《さつまはんしゅっしん》の軍人大山巌《ぐんじんおおやまいわお》の弟《おとうと》の妻《つま》になりました。

イトとの間《あいだ》に生《う》まれた寅太郎《とらたろう》は、父《ちち》の死後《しご》ひっそりとくらしていましたが、勝海舟《かつかいしゅう》らのはからいで、国《くに》からドイツへの留学《りゅうがく》を命《めい》じられ、十三年《ねん》もの間《あいだ》ドイツで学《まな》びます。のちには陸軍《りくぐん》の軍人《ぐんじん》として活躍《かつやく》し、華族《かぞく》の列《れつ》に加《くわ》えられ、侯爵《こうしゃく》の地位《ちい》を得《え》ました。

◆この本《ほん》に出《で》てくる旧国名《きゅうこくめい》と藩《はん》

■旧国名《きゅうこくめい》…九世紀《せいき》ごろから江戸《えど》時代《じだい》までの地方行政区画《ちほうぎょうせいくかく》の土地《とち》の呼《よ》び名《な》。
■藩《はん》…江戸《えど》時代《じだい》、大名《だいみょう》が支配《しはい》した領地《りょうち》とその組織《そしき》のこと。

【旧国名《きゅうこくめい》】

伊勢国《いせのくに》 現在《げんざい》の三重県《みえけん》の一部《いちぶ》。
越後国《えちごのくに》 現在《げんざい》の新潟県《にいがたけん》（佐渡島《さどじま》を除《のぞ》く）。
越前国《えちぜんのくに》 現在《げんざい》の福島県《ふくしまけん》の一部《いちぶ》。
近江国《おうみのくに》 現在《げんざい》の滋賀県《しがけん》。
大隅国《おおすみのくに》 現在《げんざい》の鹿児島県《かごしまけん》の東部《とうぶ》と奄美群島《あまみぐんとう》。
尾張国《おわりのくに》 現在《げんざい》の愛知県西部《あいちけんせいぶ》。
紀伊国《きいのくに》 現在《げんざい》の和歌山県《わかやまけん》の大部分《だいぶぶん》と三重県《みえけん》の一部《いちぶ》。
薩摩国《さつまのくに》 現在《げんざい》の鹿児島県《かごしまけん》の西部《せいぶ》。
周防国《すおうのくに》 現在《げんざい》の山口県東南部分《やまぐちけんとうなんぶぶん》。
筑前国《ちくぜんのくに》 現在《げんざい》の福岡県《ふくおかけん》の一部《いちぶ》。
出羽国《でわのくに》 現在《げんざい》の山形県《やまがたけん》と秋田県《あきたけん》の北東部《ほくとうぶ》を除《のぞ》いた部分《ぶぶん》。
土佐国《とさのくに》 現在《げんざい》の高知県《こうちけん》。
長門国《ながとのくに》 現在《げんざい》の山口県西部《やまぐちけんせいぶ》。
肥後国《ひごのくに》 現在《げんざい》の熊本県《くまもとけん》。
備前国《びぜんのくに》 現在《げんざい》の岡山県南東部《おかやまけんなんとうぶ》と香川県《かがわけん》・兵庫県《ひょうごけん》の一部《いちぶ》。
常陸国《ひたちのくに》 現在《げんざい》の茨城県《いばらきけん》の大部分《だいぶぶん》。
備中国《びっちゅうのくに》 現在《げんざい》の岡山県西部《おかやまけんせいぶ》。
日向国《ひゅうがのくに》 現在《げんざい》の宮崎県《みやざきけん》。
備後国《びんごのくに》 現在《げんざい》の広島県東部《ひろしまけんとうぶ》。
豊後国《ぶんごのくに》 現在《げんざい》の大分県《おおいたけん》の大部分《だいぶぶん》。
三河国《みかわのくに》 現在《げんざい》の愛知県東部《あいちけんとうぶ》。
武蔵国《むさしのくに》 現在《げんざい》の東京都《とうきょうと》と埼玉県《さいたまけん》のほぼ全域《ぜんいき》、神奈川県《かながわけん》の東部《とうぶ》。
陸奥国《むつのくに》 現在《げんざい》の東北地方《とうほくちほう》の大部分《だいぶぶん》（山形県《やまがたけん》・秋田県《あきたけん》の一部《いちぶ》を除《のぞ》く）。

【藩《はん》】

会津藩《あいづはん》 陸奥国《むつのくに》の会津地方《あいづちほう》をおさめていた藩《はん》。
岩国藩《いわくにはん》 周防国《すおうのくに》の岩国地方《いわくにちほう》をおさめていた藩《はん》。
岡山藩《おかやまはん》 備前国《びぜんのくに》・備中国《びっちゅうのくに》をおさめていた藩《はん》。
尾張藩《おわりはん》 尾張国《おわりのくに》・三河国《みかわのくに》を中心《ちゅうしん》とした地域《ちいき》をおさめていた藩《はん》。徳川御三家《とくがわごさんけ》のひとつ。
紀伊藩《きいはん》（紀州藩《きしゅうはん》） 紀伊国《きいのくに》・伊勢国《いせのくに》をおさめていた藩《はん》。徳川御三家《とくがわごさんけ》のひとつ。
桑名藩《くわなはん》 伊勢国《いせのくに》をおさめていた藩《はん》。
薩摩藩《さつまはん》 薩摩国《さつまのくに》・大隅国《おおすみのくに》を中心《ちゅうしん》とした地域《ちいき》をおさめていた藩《はん》。
庄内藩《しょうないはん》 出羽国《でわのくに》の、庄内地方《しょうないちほう》のほぼ全域《ぜんいき》をおさめていた藩《はん》。
長州藩《ちょうしゅうはん》 周防国《すおうのくに》・長門国《ながとのくに》をおさめていた藩《はん》。
土浦藩《つちうらはん》 常陸国《ひたちのくに》の土浦地方《つちうらちほう》をおさめていた藩《はん》。
土佐藩《とさはん》 土佐国《とさのくに》をおさめていた藩《はん》。
彦根藩《ひこねはん》 近江国《おうみのくに》の北部《ほくぶ》をおさめていた藩《はん》。
備後福山藩《びんごふくやまはん》（福山藩《ふくやまはん》） 備後国《びんごのくに》をおさめていた藩《はん》。
越前福井藩《えちぜんふくいはん》（福井藩《ふくいはん》） 越前国《えちぜんのくに》をおさめていた藩《はん》。
福岡藩《ふくおかはん》 筑前国《ちくぜんのくに》のほぼ全域《ぜんいき》をおさめていた藩《はん》。
水戸藩《みとはん》 常陸国《ひたちのくに》の中部《ちゅうぶ》から北部《ほくぶ》あたりの地域《ちいき》をおさめていた藩《はん》。徳川御三家《とくがわごさんけ》のひとつ。

廃藩置県《はいはんちけん》
（3府《ふ》、72県《けん》）
開拓使《かいたくし》は機関名《きかんめい》
府県界《ふけんさかい》
※地図《ちず》は明治《めいじ》4年《ねん》（1871年《ねん》）11月当時《がつとうじ》
北海道《ほっかいどう》
開拓使《かいたくし》
青森県《あおもりけん》
秋田県《あきたけん》
盛岡県《もりおかけん》
酒田県《さかたけん》
一関県《いちのせきけん》
（水沢県《みずさわけん》）
相川県《あいかわけん》
山形県《やまがたけん》
新潟県《にいがたけん》
置賜県《おきたまけん》
仙台県《せんだいけん》
福島県《ふくしまけん》
柏崎県《かしわざきけん》
若松県《わかまつけん》
磐前県《いわさきけん》
長野県《ながのけん》
群馬県《ぐんまけん》
宇都宮県《うつのみやけん》
栃木県《とちぎけん》
茨城県《いばらきけん》
入間県《いるまけん》
埼玉県《さいたまけん》
山梨県《やまなしけん》
新治県《にいはりけん》
神奈川県《かながわけん》
印旛県《いんばけん》
東京府《とうきょうふ》
岡県
木更津県《きさらづけん》
足柄県《あしがらけん》
鹿児島県《かごしまけん》
琉球《りゅうきゅう》
琉球処分《りゅうきゅうしょぶん》
明治《めいじ》5年《ねん》（1872年《ねん》）琉球藩《りゅうきゅうはん》を設置《せっち》。
政府《せいふ》の直轄《ちょっかつ》（直接《ちょくせつ》の支配《しはい》）にする。
明治《めいじ》12年《ねん》（1879年《ねん》）沖縄県《おきなわけん》を設置《せっち》。

現在《げんざい》の都道府県名《とどうふけんめい》

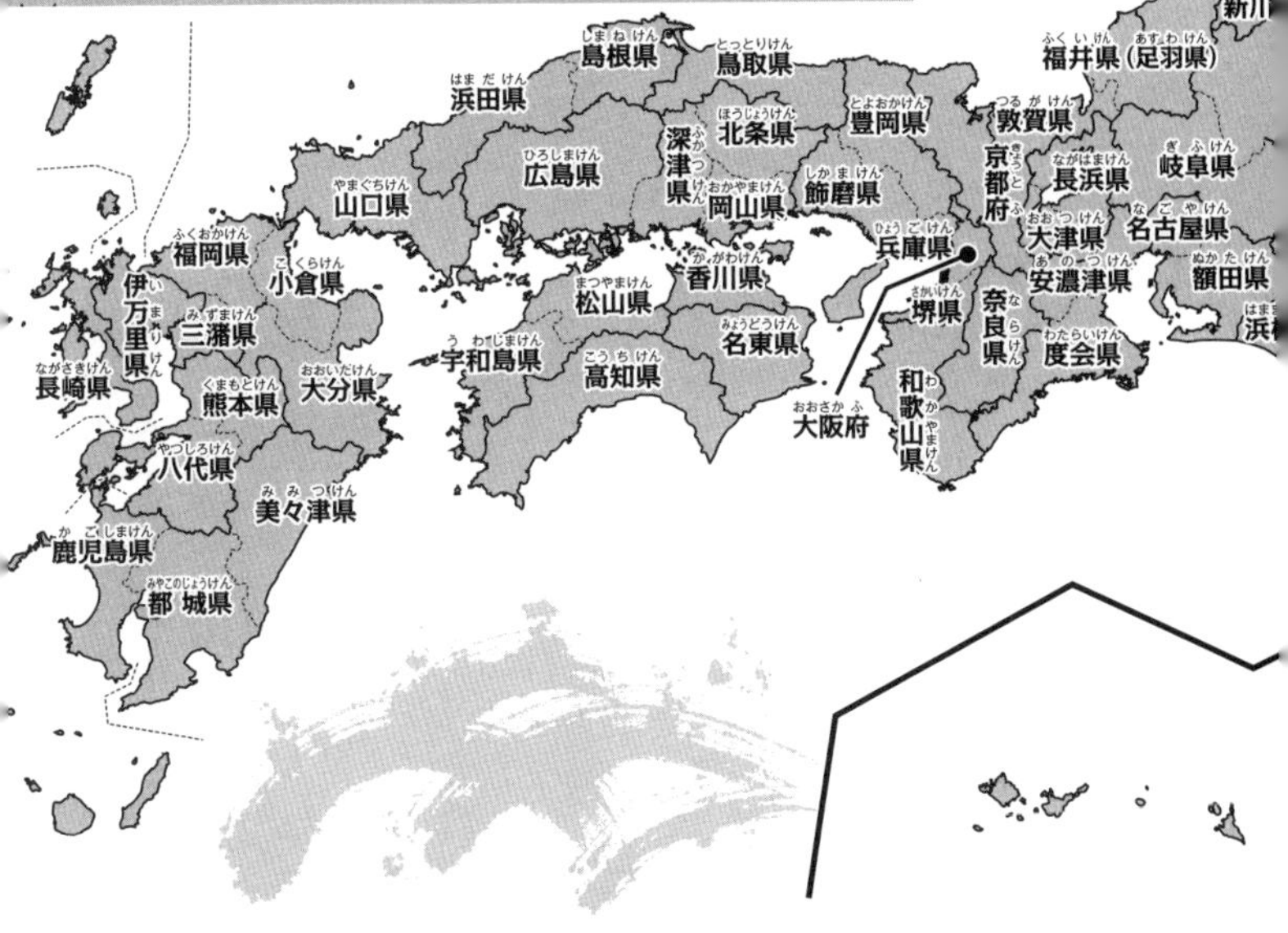

西郷隆盛年表《さいごうたかもりねんぴょう》

西暦《せいれき》（元号《げんごう》）	西郷隆盛《さいごうたかもり》に関《かん》することがら	日本《にほん》のおもなできごと
1827年《ねん》（文政《ぶんせい》10年《ねん》）	薩摩国《さつまのくに》で下級藩士《かきゅうはんし》・西郷吉兵衛《さいごうきちべえ》の長男《ちょうなん》として生《う》まれる。（1歳《さい》）	徳川家斉《とくがわいえなり》、太政大臣《だじょうだいじん》になる。
1839年《ねん》（天保《てんぽう》10年《ねん》）	けんかで右肘《みぎひじ》を負傷《ふしょう》。剣《けん》の道《みち》をあきらめる。（13歳《さい》）	
1841年《ねん》（天保《てんぽう》12年《ねん》）		水野忠邦《みずのただくに》が天保《てんぽう》の改革《かいかく》をはじめる。
1844年《ねん》（弘化元年《こうかがんねん》）	薩摩藩《さつまはん》の郡方書役助《こおりかたかきやくたすけ》につく。（18歳《さい》）	オランダ国王《こくおう》が徳川家慶《とくがわいえよし》に開国勧告《かいこくかんこく》を行《おこな》う。
1852年《ねん》（嘉永《かえい》5年《ねん》）	須賀《すが》と結婚《けっこん》（後《のち》に離縁《りえん》）。祖父《そふ》、父《ちち》、母《はは》を亡《な》くす。	
1853年《ねん》（嘉永《かえい》6年《ねん》）		徳川家定《とくがわいえさだ》が第《だい》13代将軍《だいしょうぐん》に就任《しゅうにん》する。
1854年《ねん》（嘉永《かえい》7年《ねん》）	江戸《えど》に出府《しゅっぷ》。お庭方役《にわかたやく》を命《めい》じられる。（28歳《さい》）	
1854年《ねん》（安政元年《あんせいがんねん》）		日米和親条約《にちべいわしんじょうやく》、日英和親条約《にちえいわしんじょうやく》、日露和親条約《にちろわしんじょうやく》を締結《ていけつ》。
1858年《ねん》（安政《あんせい》5年《ねん》）	月照《げっしょう》と入水自殺《にゅうすいじさつ》を図《はか》る。（32歳《さい》）	徳川家茂《とくがわいえもち》が第《だい》14代将軍《だいしょうぐん》に就任《しゅうにん》する。
1859年《ねん》（安政《あんせい》6年《ねん》）	奄美大島《あまみおおしま》へ流《なが》される。愛加那《あいかな》と結婚《けっこん》する。（33歳《さい》）	安政《あんせい》の大獄《たいごく》がはじまる。
1860年《ねん》（安政《あんせい》7年《ねん》）		勝海舟《かつかいしゅう》、福沢諭吉《ふくざわゆきち》、ジョン万次郎《まんじろう》らがアメリカへむかう。桜田門外《さくらだもんがい》の変《へん》（井伊直弼《いいなおすけ》が暗殺《あんさつ》される）。
1861年《ねん》（万延《まんえん》2年《ねん》）	長男《ちょうなん》・菊次郎《きくじろう》が生《う》まれる。（35歳《さい》）	
1862年《ねん》（文久《ぶんきゅう》2年《ねん》）	2月《がつ》、奄美大島《あまみおおしま》から本国《ほんごく》へもどる。（36歳《さい》） 7月《がつ》、徳之島《とくのしま》に流《なが》される。閏《うるう》8月《がつ》に沖永良部島《おきのえらぶじま》へ移《うつ》される。	寺田屋事件《てらだやじけん》が起《お》こる。 生麦事件《なまむぎじけん》（薩摩藩士《さつまはんし》がイギリス人《じん》を殺傷《さっしょう》する）。
1863年《ねん》（文久《ぶんきゅう》3年《ねん》）		薩英戦争《さつえいせんそう》が起《お》こる。
1864年《ねん》（元治元年《げんじがんねん》）	2月《がつ》、ゆるされて本国《ほんごく》にもどる。（38歳《さい》） 7月《がつ》、禁門《きんもん》の変《へん》で戦《たたか》いの指揮《しき》をとる。勝海舟《かつかいしゅう》と会談《かいだん》する。 長州藩《ちょうしゅうはん》と交渉《こうしょう》し、戦《たたか》わずして降伏《こうふく》させる。	池田屋事件《いけだやじけん》が起《お》こり、会合中《かいごうちゅう》の尊皇派志士《そんのうはしし》が襲《おそ》われる。 禁門《きんもん》の変《へん》が起《お》こる。 第一次長州征討《だいいちじちょうしゅうせいとう》で長州藩《ちょうしゅうはん》は戦《たたか》わずに降伏《こうふく》する。
1865年《ねん》（元治《げんじ》2年《ねん》）	1月《がつ》、薩摩藩士《さつまはんし》・岩山直温《いわやまなおはる》の娘《むすめ》、イトと再婚《さいこん》。（39歳《さい》）	

	パークスと会談《かいだん》。	徳川慶喜《とくがわよしのぶ》が第《だい》15代将軍《だいしょうぐん》に就任《しゅうにん》する。
1867年《ねん》（慶応《けいおう》3年《ねん》）	10月《がつ》、徳川慶喜《とくがわよしのぶ》が大政奉還《たいせいほうかん》を行《おこな》う。（41歳《さい》） 新政府《しんせいふ》の参与《さんよ》となる。	坂本龍馬《さかもとりょうま》・中岡慎太郎《なかおかしんたろう》が亡《な》くなる。 王政復古《おうせいふっこ》の大号令《だいごうれい》が発《はっ》せられる。
1868年《ねん》（慶応《けいおう》4年《ねん》）	4月《がつ》、江戸城《えどじょう》が新政府軍《しんせいふぐん》に明《あ》けわたされる。（42歳《さい》）	1月《がつ》、戊辰戦争《ぼしんせんそう》がはじまる。 明治政府《めいじせいふ》の基本方針《きほんほうしん》「五箇条《ごかじょう》の御誓文《ごせいぶん》」が公布《こうふ》される。 江戸《えど》が東京《とうきょう》と改称《かいしょう》される。
1869年《ねん》（明治《めいじ》2年《ねん》）	隆盛《たかもり》と名《な》のる。（43歳《さい》）	五稜郭《ごりょうかく》の戦《たたか》いが終《お》わり、戊辰戦争《ぼしんせんそう》が終結《しゅうけつ》する。
1871年《ねん》（明治《めいじ》4年《ねん》）	新政府《しんせいふ》で廃藩置県《はいはんちけん》などの課題《かだい》に取《と》り組《く》む。（45歳《さい》）	廃藩置県《はいはんちけん》が行《おこな》われる。岩倉使節団《いわくらしせつだん》が欧米《おうべい》へ出発《しゅっぱつ》する。
1872年《ねん》（明治《めいじ》5年《ねん》）		新橋《しんばし》〜横浜間《よこはまかん》に鉄道《てつどう》が開通《かいつう》する。太陽暦《たいようれき》を採用《さいよう》し、この年《とし》の12月《がつ》3日《か》を明治《めいじ》6年《ねん》の元日《がんじつ》とする。
1873年《ねん》（明治《めいじ》6年《ねん》）	朝鮮《ちょうせん》との外交問題《がいこうもんだい》で大久保《おおくぼ》、木戸《きど》らと意見《いけん》がわかれ、政府《せいふ》の職《しょく》を辞《や》めて鹿児島《かごしま》へもどる。（47歳《さい》）	徴兵令《ちょうへいれい》が発令《はつれい》される。
1874年《ねん》（明治《めいじ》7年《ねん》）	鹿児島《かごしま》で学校《がっこう》を開《ひら》き、全国《ぜんこく》から多《おお》くの士族《しぞく》が集《あつ》まる。（48歳《さい》）	
1876年《ねん》（明治《めいじ》9年《ねん》）		廃刀令《はいとうれい》が出《だ》される。 神風連《しんぷうれん》の乱《らん》、秋月《あきづき》の乱《らん》、萩《はぎ》の乱《らん》が起《お》こる。
1877年《ねん》（明治《めいじ》10年《ねん》）	1月《がつ》、生徒《せいと》が武器《ぶき》や弾薬《だんやく》を運《はこ》びだす新政府《しんせいふ》の船《ふね》を見《み》つける。生徒《せいと》の思《おも》いに応《こた》えることを決意《けつい》。 2月《がつ》、大雪《おおゆき》の中《なか》、先発隊《せんぱつたい》が熊本城《くまもとじょう》へむけて出発《しゅっぱつ》し、西南戦争《せいなんせんそう》がはじまる。9月《がつ》、鹿児島《かごしま》へもどり城山《しろやま》へ立《た》てこもる。 新政府軍《しんせいふぐん》の総攻撃《そうこうげき》にあい、自決《じけつ》する。（51歳《さい》）	2月《がつ》に西南戦争《せいなんせんそう》がはじまり、9月《がつ》に終結《しゅうけつ》。

あとがき

この本《ほん》を手《て》に取《と》ってくださって、ありがとうございます。

西郷隆盛《さいごうたかもり》の生《お》い立《た》ち、考《かんが》え、生《い》き方《かた》……。みなさんは、どう受《う》け止《と》めたでしょうか。戊辰《ぼしん》戦争《せんそう》や西南戦争《せいなんせんそう》など、明治時代《めいじじだい》になってから、日本《にほん》の国内《こくない》で大《おお》きな戦争《せんそう》が起《お》きていたことに、驚《おどろ》いた人《ひと》もいるかもしれませんね。

幕末《ばくまつ》から明治《めいじ》へ。「これからいったいどうなるのだろう?」と、多《おお》くの人《ひと》が、不安《ふあん》や迷《まよ》いを抱《かか》えている時代《じだい》でした。「きっとこのままではだめだ」と思《おも》いながらも、どうしたらよいかわからない人《ひと》が、大勢《おおぜい》いました。

そんな、世《よ》の中《なか》が大《おお》きく変《か》わらなければならなかったとき、それぞれの志《こころざし》に従《したが》って考《かんが》え、行動《こうどう》して、自分《じぶん》の手《て》で新《あたら》しい動《うご》きをつくろうとする人《ひと》が、日本《にほん》のあちこちに現《あらわ》れました。そうした人々《ひとびと》は後《のち》に、「幕末《ばくまつ》の志士《しし》」と呼《よ》ばれるようになります。

「幕末《ばくまつ》の志士《しし》」たちは、京《きょう》や江戸《えど》などで話《はな》し合《あ》い、知恵《ちえ》を出《だ》し合《あ》いました。ときには考《かんが》えの違《ちが》いから、はげしくぶつかり合《あ》って相手《あいて》を傷《きず》つけたりすることもありました。

そうした「幕末《ばくまつ》の志士《しし》」と呼《よ》ばれる人《ひと》の中《なか》でも、西郷《さいごう》がひときわ、今《いま》なお人気《にんき》があることを、みなさんはどう思《おも》われたでしょうか。もしかしたら、「自分《じぶん》は大久保《おおくぼ》の方《ほう》がかっこいいと思《おも》う」とか「自分《じぶん》なら西郷《さいごう》より龍馬《りょうま》のような生《い》き方《かた》をしたい」という意見《いけん》もあるかもしれません。この本《ほん》を読《よ》み、西郷隆盛《さいごうたかもり》について知《し》って、みなさんが考《かんが》えたこと思《おも》ったことを、筆者《ひっしゃ》に教《おし》えてもらえたらうれしいです（編集部《へんしゅうぶ》あてにお手紙《てがみ》くださいね）。

西郷《さいごう》と深《ふか》い関《かか》わりのあった坂本龍馬《さかもとりょうま》や木戸孝允《きどたかよし》（桂小五郎《かつらこごろう》）、勝海舟《かつかいしゅう》、また、ジョン万《まん》次郎《じろう》や緒方洪庵《おがたこうあん》など、西郷《さいごう》と同《おな》じ時代《じだい》に生《う》まれて、ちがう場所《ばしょ》やちがう立場《たちば》で、それぞれに活躍《かつやく》した人々《ひとびと》については、みらい文庫《ぶんこ》の伝記《でんき》シリーズ『幕末《ばくまつ》ヒーローズ!!』で取《と》りあげていますので、よかったら、そちらも合《あ》わせて読《よ》んでみてください。

150年《ねん》ほど前《まえ》の日本《にほん》がどんな時代《じだい》だったのか、そのころ起《お》きたことが今《いま》の日本《にほん》とどうつながっているのかが、より多方面《たほうめん》からわかってもらえると思《おも》います。

2017年冬《ねんふゆ》　奥山景布子《おくやまきょうこ》

参考文献

『西郷隆盛と士族　幕末維新の個性4』落合弘樹著　吉川弘文館
『勝海舟と西郷隆盛』松浦玲著　岩波新書
『大久保利通　幕末維新の個性3』笠原英彦著　吉川弘文館
『新訳　南州翁遺訓』松浦光修編訳　ＰＨＰ研究所
『ビジュアル版　幕末・維新人物大百科　上・中・下』藤田英昭監修　ポプラ社

この作品《さくひん》は、「集英社《しゅうえいしゃ》みらい文庫《ぶんこ》」のために書《か》き下《お》ろされました。

集英社みらい文庫

伝記《でんき》シリーズ　西郷隆盛《さいごうたかもり》
信念《しんねん》をつらぬいた維新《いしん》のヒーロー

奥山景布子《おくやまきょうこ》　著
RICCA《リッカ》　絵

ファンレターのあて先
〒101-8050　東京都千代田区一ツ橋2-5-10　集英社みらい文庫編集部
いただいたお便りは編集部から先生におわたしいたします。

2017年11月29日　第1刷発行

発行者　北畠輝幸
発行所　株式会社 集英社
〒101-8050　東京都千代田区一ツ橋2-5-10
電話　編集部 03-3230-6246
読者係 03-3230-6080
販売部 03-3230-6393（書店専用）
http://miraibunko.jp
装　丁　中島由佳理
印　刷　大日本印刷株式会社　凸版印刷株式会社
製　本　大日本印刷株式会社

★この作品は、歴史上の人物や人生の出来事などを、著者による創作を交えて描いたものです。
ISBN978-4-08-321409-7　C8223　N.D.C.913　188P　18cm
©Okuyama Kyoko　RICCA　2017　Printed in Japan

定価はカバーに表示してあります。造本には十分注意しておりますが、乱丁、落丁（ページ順序の間違いや抜け落ち）の場合は、送料小社負担にてお取替えいたします。購入書店を明記の上、集英社読者係宛にお送りください。但し、古書店で購入したものについてはお取替えできません。
本書の一部、あるいは全部を無断で複写（コピー）、複製することは、法律で認められた場合を除き、著作権の侵害となります。また、業者など、読者本人以外による本書のデジタル化は、いかなる場合でも一切認められませんのでご注意ください。

戦国《せんごく》ヒーローズ!!

天下《てんか》をめざした8人《にん》の武将《ぶしょう》
——信玄《しんげん》・謙信《けんしん》から幸村《ゆきむら》・政宗《まさむね》まで

奥山景布子《おくやまきょうこ》・著　暁《あかつき》かおり・絵

信玄《しんげん》・謙信《けんしん》・信長《のぶなが》・光秀《みつひで》・秀吉《ひでよし》・家康《いえやす》・幸村《ゆきむら》・政宗《まさむね》…戦国時代《せんごくじだい》を熱《あつ》く生《い》きた8人《にん》の伝記《でんき》！

集英社《しゅうえいしゃ》みらい文庫《ぶんこ》の伝記《でんき》は、おもしろい!

大江戸《おおえど》ヒーローズ!!

宮本武蔵《みやもとむさし》・大石内蔵助《おおいしくらのすけ》……
信《しん》じる道《みち》を走《はし》りぬいた7人《にん》!

奥山景布子《おくやまきょうこ》・著　RICCA《リッカ》・絵

宮本武蔵《みやもとむさし》・天草四郎《あまくさしろう》・徳川光圀《とくがわみつくに》・大石《おおいし》(内蔵助《くらのすけ》)良雄《よしお》・大岡忠相《おおおかただすけ》・長谷川平蔵《はせがわへいぞう》・大塩平八郎《おおしおへいはちろう》……7人《にん》の人生《じんせい》を一冊《さつ》で！

徳川《とくがわ》15人《にん》の将軍《しょうぐん》たち

小沢章友《おざわあきとも》・著　森川泉《もりかわいずみ》・絵

初代《しょだい》・家康《いえやす》から15代《だい》・慶喜《よしのぶ》まで。
江戸時代《えどじだい》265年《ねん》をつくりあげた
将軍《しょうぐん》15人《にん》それぞれの人生《じんせい》！

伝記《でんき》シリーズ

幕末《ばくまつ》ヒーローズ!!

坂本龍馬《さかもとりょうま》・西郷隆盛《さいごうたかもり》……
日本《にほん》の夜明《よあ》けをささえた8人《にん》！

奥山景布子《おくやまきょうこ》・著　佐嶋真実《さじままこと》・絵

西郷隆盛《さいごうたかもり》・木戸孝允《きどたかよし》（桂小五郎《かつらこごろう》）・
坂本龍馬《さかもとりょうま》・勝海舟《かつかいしゅう》・吉田松陰《よしだしょういん》・近藤勇《こんどういさみ》
緒方洪庵《おがたこうあん》・ジョン（中浜《なかはま》）万次郎《まんじろう》……
激動《げきどう》の時代《じだい》を生《い》きた8人《にん》！

「みらい文庫《ぶんこ》」読者《どくしゃ》のみなさんへ

言葉《ことば》を学《まな》ぶ、感性《かんせい》を磨《みが》く、創造力《そうぞうりょく》を育《はぐく》む……、読書《どくしょ》は「人間力《にんげんりょく》」を高《たか》めるために欠《か》かせません。たった一枚《いちまい》のページをめくる向《む》こう側《がわ》に、未知《みち》の世界《せかい》、ドキドキのみらいが無限《むげん》に広《ひろ》がっている。これこそが「本《ほん》」だけが持《も》っているパワーです。

学校《がっこう》の朝《あさ》の読書《どくしょ》に、休《やす》み時間《じかん》に、放課後《ほうかご》に……。いつでも、どこでも、すぐに続《つづ》きを読《よ》みたくなるような、魅力《みりょく》に溢《あふ》れる本《ほん》をたくさん揃《そろ》えていきたい。読書《どくしょ》がくれる、心《こころ》がきらきらしたり胸《むね》がきゅんとする瞬間《しゅんかん》を体験《たいけん》してほしい、楽《たの》しんでほしい。みらいの日本《にほん》、そして世界《せかい》を担《にな》うみなさんが、やがて大人《おとな》になった時《とき》、「読書《どくしょ》の魅力《みりょく》を初《はじ》めて知《し》った本《ほん》」「自分《じぶん》のおこづかいで初《はじ》めて買《か》った一冊《いっさつ》」と思《おも》い出《だ》してくれるような作品《さくひん》を一所懸命《いっしょけんめい》、大切《たいせつ》に創《つく》っていきたい。

そんないっぱいの想《おも》いを込《こ》めながら、作家《さっか》の先生方《せんせいがた》と一緒《いっしょ》に、私《わたし》たちは素敵《すてき》な本作《ほんづく》りを続《つづ》けていきます。「みらい文庫《ぶんこ》」は、無限《むげん》の宇宙《うちゅう》に浮《う》かぶ星《ほし》のように、夢《ゆめ》をたたえ輝《かがや》きながら、次々《つぎつぎ》と新《あたら》しく生《う》まれ続《つづ》けます。

本《ほん》を持《も》つ、その手《て》の中《なか》に、ドキドキするみらい——。

本《ほん》の宇宙《うちゅう》から、自分《じぶん》だけの健《すこ》やかな空想力《くうそうりょく》を育《そだ》て、〝みらいの星《ほし》〟をたくさん見《み》つけてください。

そして、大切《たいせつ》なこと、大切《たいせつ》な人《ひと》をきちんと守《まも》る、強《つよ》くて、やさしい大人《おとな》になってくれることを心《こころ》から願《ねが》っています。

２０１１年《ねん》　春《はる》

集英社《しゅうえいしゃ》みらい文庫《ぶんこ》編集部《へんしゅうぶ》